FORMAÇÃO DOCENTE, DIDÁTICA E PROJETO POLÍTICO-PEDAGÓGICO:

O LEGADO DE ILMA PASSOS ALENCASTRO VEIGA

CLEIDE MARIA QUEVEDO QUIXADÁ VIANA
EDILEUZA FERNANDES SILVA
(ORGS.)

FORMAÇÃO DOCENTE, DIDÁTICA E PROJETO POLÍTICO-PEDAGÓGICO:

O LEGADO DE ILMA PASSOS ALENCASTRO VEIGA

PAPIRUS EDITORA

Capa	Fernando Cornacchia
Coordenação	Ana Carolina Freitas
Copidesque	Simone Ligabo
Diagramação	DPG Editora
Revisão	Anna Carolina G. de Souza

Dados Internacionais de Catalogação na Publicação (CIP)
(Câmara Brasileira do Livro, SP, Brasil)

Formação docente, didática e projeto político-pedagógico: O legado de Ilma Passos Alencastro Veiga/ Cleide Maria Quevedo Quixadá Viana; Edileuza Fernandes Silva (organizadoras). – Campinas, SP: Papirus Editora, 2022.

ISBN 978-65-5650-127-7

1. Didática 2. Educação 3. Educação – Brasil 4. Professores – Formação 5. Projeto Político Pedagógico 6. Veiga, Ilma Passos Alencastro I. Viana, Cleide Maria Quevedo Quixadá. II. Silva, Edileuza Fernandes.

22-104600 CDD-370.71

Índice para catálogo sistemático:

1. Professores: Formação: Educação 370.71

Maria Alice Ferreira – Bibliotecária – CRB-8/7964

1ª Edição – 2022

Exceto no caso de citações, a grafia deste livro está atualizada segundo o Acordo Ortográfico da Língua Portuguesa adotado no Brasil a partir de 2009.

R. Barata Ribeiro, 79, sala 316 – CEP 13023-030 – Vila Itapura
Fone: (19) 3790-1300 – Campinas – São Paulo – Brasil
E-mail: editora@papirus.com.br – www.papirus.com.br

AGRADECIMENTOS

As organizadoras agradecem aos autores, companheiros de jornada de vida e de trabalho, da grande educadora Ilma Passos Alencastro Veiga.

Agradecimentos especiais à Papirus Editora, que torna possível a publicação de uma obra com o legado de Ilma Passos Alencastro Veiga sobre formação docente, didática e projeto político-pedagógico.

E nós, da Papirus Editora, queremos registrar aqui nossos agradecimentos pela parceria de tantos anos (desde 1988, quando o livro Repensando a didática *foi lançado) com a professora Ilma Passos Alencastro Veiga, que nos proporcionou a honra de publicar grande parte de sua obra e nos apresentar temas e autores fundamentais para o desenvolvimento do campo da educação no Brasil, sempre visando à melhoria na qualidade do ensino nas escolas, do ciclo básico ao superior. Temos imensa alegria em fazer parte desse legado e poder oferecer aqui um panorama da trajetória e das contribuições de uma das maiores educadoras de nosso país!*

SUMÁRIO

PREFÁCIO 9
Maria Isabel da Cunha

1. ILMA PASSOS ALENCASTRO VEIGA: VIDA E TRAJETÓRIA DE UMA EDUCADORA EMÉRITA 19
Cleide Maria Quevedo Quixadá Viana e *Edileuza Fernandes Silva*

2. DISCURSO ALUSIVO À OUTORGA DO TÍTULO DE PROFESSORA EMÉRITA DA FACULDADE DE EDUCAÇÃO DA UNIVERSIDADE DE BRASÍLIA PARA A PROFESSORA DOUTORA ILMA PASSOS ALENCASTRO VEIGA 35
Lívia Freitas Fonseca Borges

3. CONTRIBUIÇÕES DE ILMA PASSOS ALENCASTRO VEIGA PARA A DIDÁTICA, A PEDAGOGIA E A EDUCAÇÃO: ESBOÇO DE UM PERFIL 41
José Carlos Souza Araujo

4. TRAVESSIA DE UMA EDUCADORA: LIÇÕES APRENDIDAS 61
Cleoni Maria Barboza Fernandes

5. REPENSANDO A DIDÁTICA E SUAS CONTRIBUIÇÕES AO LONGO DO TEMPO 73
Maria Eugênia Castanho e *Sérgio Castanho*

6. MAGISTÉRIO: FORMAÇÃO E TRABALHO PEDAGÓGICO – DIFERENTES ÂNGULOS DA PROBLEMÁTICA EDUCACIONAL 85
Ana Lúcia Amaral e *Ângela Imaculada Loureiro de Freitas Dalben*

7. ELOS DA RELAÇÃO DIALÉTICA E DIALÓGICA NO PERCURSO FORMATIVO DE DOCENTES PESQUISADORAS 105
Ana Maria Iorio Dias, *Isabel Maria Sabino de Farias* e *Silvina Pimentel Silva*

8. O DIÁLOGO COM O PROJETO POLÍTICO-PEDAGÓGICO DA ESCOLA 123
Rosana César de Arruda Fernandes

9. SOBRE "A AVENTURA DE FORMAR PROFESSORES" 139
Joana Paulin Romanowski e *Pura Lúcia Oliver Martins*

10. REDE INTER-REGIONAL NORTE, NORDESTE E CENTRO-OESTE (RIDES): AMPLIANDO AS POSSIBILIDADES DA PESQUISA EM REDE 159
Claudia Christina Bravo e Sá Carneiro, *Meirecele Calíope Leitinho* e *Liliane Campos Machado*

11. O LEGADO DE ILMA VEIGA AO PROJETO DE EDUCAÇÃO SUPERIOR DO UNICEUB 177
Dalva Guimarães dos Reis e *Maria Helena Viana de Souza*

PREFÁCIO

Não morre quem deixou na terra a melodia
de seu cântico na música de seus versos.
Cora Coralina

É com especial emoção e muita alegria que aceitei o convite de prefaciar este livro que homenageia e recupera a obra de Ilma Passos Alencastro Veiga: para muitos, a professora; para outros, a orientadora; para outros tantos, a colega e companheira de trabalho. Porém, todos estarão identificados com a Ilma amiga. Em todo espaço e em todo lugar que habitou, deixou marcas de uma amorosidade freiriana, capaz de marcar uma presença especial.

Eu escolhi a sua conterrânea Cora Coralina, goiana da melhor cepa, e nela me inspirei, para um diálogo acadêmico e afetivo que está marcado por este livro.

Diz a poetisa que "feliz aquele que transfere o que sabe e aprende o que ensina", e a Ilma, nascida e banhada com a mesma sabedoria da poetisa, fez dessa experiência a sua vida.

Inspirada na docência de sua mãe, a opção pela profissão que marcaria sua trajetória se fez inquestionável. A jovem vivaz e inquieta procurou, no curso de Pedagogia, sua primeira formação; depois, cursou Educação Física. O lúdico faz parte de sua personalidade, e o movimento dançava em seu coração. Já professora primária, dedicou às crianças toda a sua energia.

Quis a vida que sua condição de primogênita lhe cobrasse um papel não esperado: cuidar das duas irmãs mais jovens, quando uma fatalidade levou sua mãe. "De agora em diante serás responsável por elas", disse o pai, sem perceber o ônus dessa missão, que marcou toda a sua vida. E o amor fraterno se ampliou com a chegada dos sobrinhos, para quem foi um grande esteio. Novamente, eu me inspiro em Cora Coralina, que parece ter pensado em Ilma quando escreveu: "fiz a escalada da vida removendo pedras e plantando flores".

O compromisso com essa semeadura estimulou o seu desejo de sempre aprender e foi com essa disposição que atravessou o Brasil até Santa Maria, para fazer o primeiro curso de mestrado em Educação do país, num convênio com a Organização dos Estados Americanos (OEA). O minuano dos pampas contrastou com o aconchego do cerrado. Fortaleceu a resiliência que lhe era peculiar.

O aprofundamento no campo da educação favoreceu suas experiências na relação entre o ensino superior e a educação básica, com destaque à área da docência e das políticas de formação. Reconhecida desde logo, teve atuação importante no Departamento de Ensino Médio do MEC e, mais tarde, a responsabilidade de ser subsecretária de ensino regular na Secretaria de Ensino de 1º e 2º Graus (Seps), também do MEC, no período de 1974 a 1980.

"Não sei... se a vida é curta ou longa demais para nós. Mas sei que nada do que vives tem sentido, se não tocares o coração das pessoas". Parece que a poetisa goiana inspirou sua conterrânea a voltar para a sala de aula, conviver com estudantes e produzir conhecimento com eles. Foi o que a levou à docência no ensino superior, primeiramente na Escola Superior de Educação Física de Goiás, na Universidade Federal de Uberlândia (UFU) e, depois, em Brasília, na Universidade de Brasília (UnB).

Novo ciclo de ensinar e aprender. A emergência de um doutorado se concretizou na Universidade de Campinas (Unicamp). Como professora de Didática, elegeu a prática pedagógica de professores da disciplina nos cursos de licenciatura em diferentes instituições no país, objeto de sua tese. O cenário da década de 1980 favorecia o desejo de mudanças e rupturas com a compreensão tecnicista da educação, acompanhando os discursos que denunciavam e anunciavam novas bases para a pedagogia. Certamente essa condição passava pela formação de professores e pela prática pedagógica que vivenciavam.

Com um grupo de colegas articulou um dos primeiros livros em coletânea que problematizava e anunciava uma nova possibilidade para o ensino da didática. Essa obra, denominada *Repensando a didática*, lançada em 1988, marcou sua relação com a Papirus Editora, que, reconhecendo sua capacidade e seu prestígio, delegou-lhe a condição de coordenadora da Coleção Magistério: Formação e Trabalho Pedagógico. Os produtos dessa coleção subsidiaram de forma significativa *o melhor do pensamento teórico e crítico sobre a formação do educador e sobre seu trabalho* conforme expresso em todas as publicações da coleção. E continuam a ter grande impacto nos estudos e nas pesquisas sobre a docência e a prática pedagógica.

Se percorrermos a caminhada da Ilma como docente e pesquisadora, depararemos com a capacidade de orientação de mestrandos, doutorandos e estagiários de pós-doutorado ao longo de sua carreira, quer na UFU, quer na UnB. Com bolsa de professor visitante do Conselho Nacional de Desenvolvimento Científico e Tecnológico (CNPq), auxiliou a criação do mestrado em Educação da Universidade Federal de Pelotas (UFPel) e lá deixou, também, as marcas de sua trajetória, bem como visitante na UFU pelo CNPq e, posteriormente, pela própria universidade.

A sua participação no Grupo de Trabalho (GT) de Didática da Associação Nacional de Pós-graduação e Pesquisa em Educação (Anped) está registrada na história desse GT. Não só com a apresentação dos seus resultados de pesquisa, mas também com sua generosidade de protagonizar muitas edições de minicursos, alcançando uma gama significativa de jovens pesquisadores de todo o Brasil.

Pelo seu intenso trabalho e dedicação, Ilma recebeu o título de professora emérita da Universidade de Brasília. Coroou, assim, de forma destacada, o compromisso com a sua universidade e o reconhecimento de uma grande contribuição acadêmica, inclusive na construção do seu projeto pedagógico institucional, construído de forma participativa e democrática. As reflexões em torno dessa temática deram à Ilma um reconhecimento nacional com impacto em muitas instituições. Aposentada, continuou a colaborar com a universidade e a formação de mestres, doutores e pós-doutores.

"Muita energia ainda. Recria a tua vida sempre, sempre. Remove as pedras e planta roseiras e faz doces. Recomeça." E é Cora Coralina que, mais uma vez, estimula sua conterrânea a continuar a sua condição de educadora. Ilma vai *fazer doces* no Centro Universitário de Brasília (Ceub), colaborando com a gestão acadêmica e a formação de professores em serviço. *Doces* formações, parcerias investigativas, produção intelectual intensa.

Este livro, que tenho a honra de prefaciar e apresentar, atesta a trajetória de uma mulher profissional que soube dar o melhor de si em prol da educação de nosso país, sempre tão necessitado de energia e ternura. Mais do que isso, solidária, fez do trabalho coletivo sua forma de viver.

Os autores que se fazem presentes nesta publicação representam a comunidade intelectual e profissional que se beneficia da produção e da convivência com a homenageada. São porta-vozes de um coletivo epistêmico que muito aprende com o exemplo e o pensamento da professora e pesquisadora Ilma.

Para apresentar a obra, inicio pelo texto de Cleide Maria Quevedo Quixadá Viana e Edileuza Fernandes Silva, intitulado "Ilma Passos Alencastro Veiga: Vida e trajetória de uma educadora emérita". Nele, as autoras justificam a organização da obra e ressaltam como essa iniciativa procurou reunir a complexidade da ação educativa de Ilma. Percorrem sua trajetória de vida e de profissão, parte com elas partilhada. Usam as etapas que Michel Huberman propõe no seu estudo sobre os ciclos de vida profissional dos professores. Ressaltam o modo de ser de Ilma, sempre bem-humorada, alegre e otimista diante da profissão professora, sem desconsiderar os obstáculos, os conflitos e as tensões, e recuperam suas palavras ao dizer: "Enfrentei contradições. Mas, na trajetória, descobri novas trilhas, encontrei novas pessoas, novas formas de construir e socializar o conhecimento". Com essa perspectiva diante da vida e da profissão, sua identidade profissional foi "construída com atitudes tímidas, simples, solidárias, com serenidade e ética, de forma processual, cíclica, e não por meio de uma simples sucessão de fatos".

A presença de Ilma na UnB marcou a vida institucional. É o que relata a professora Lívia Freitas Fonseca Borges, no "Discurso alusivo à outorga do título de professora emérita da Faculdade de Educação da Universidade de Brasília para a professora doutora Ilma Passos Alencastro Veiga". Afirmou que "conviver com professora Ilma é uma experiência ímpar que nos possibilita crescimento mútuo por sua generosidade e capacidade de aglutinar pessoas em torno das questões educacionais emergentes". Sua produção nessa área é referência obrigatória não apenas para o mundo acadêmico, mas também para a militância educacional em defesa da natureza pública da escola e na consolidação dos processos de gestão democrática. Suas contribuições deixaram marcas na pesquisa, na produção científica, nas publicações acadêmicas, na consolidação, na construção dos projetos político-pedagógicos dos diversos cursos superiores oferecidos pela universidade.

José Carlos Souza Araujo escreve o terceiro capítulo que denominou "Contribuições de Ilma Passos Alencastro Veiga para a didática, a pedagogia e a educação: Esboço de um perfil". Discorre sobre a evolução político-epistêmica desses campos de saber desde a metade do século XX e sua presença na formação e na ação da professora homenageada. Lembra "sua intuição, essa faculdade de perceber, discernir ou pressentir: naquela conjuntura, (...) a necessidade de tornar a pedagogia histórico-crítica mais prática, ou seja, (...) a dimensão metódico-operacional, para fazê-la somar-se à dimensão teórica (...) da referida pedagogia". O autor organiza um interessante quadro dessa evolução, através das obras da Ilma, com foco especial na aula, na didática, na prática pedagógica e nas metodologias de ensino. Ressalta seu pioneirismo nesse campo e sua contribuição ao campo da didática e da formação de professores.

Reforçando a dimensão da formação inicial de professores, Cleoni Maria Barboza Fernandes escreve o capítulo "Travessia de uma educadora: Lições aprendidas", em que afirma, numa dimensão autobiográfica, que, "como caminhante no percurso de professora de Didática, acompanhei a produção e convivi com a professora Ilma em vários eventos, sempre entranhados de reflexões fundantes para o crescimento de minha profissionalidade e também do fortalecimento do campo de estudos e de pesquisas da didática e sua divulgação científica". Seleciona cinco obras que constituem "referências básicas guardadas no lado esquerdo do peito e que são pilares de sustentação de minhas aprendizagens e questionamentos": *Didática: O ensino e suas relações*; *Projeto político-pedagógico da escola*; *As dimensões do projeto político-pedagógico*; *Aula: Gênese, dimensões, princípios e práticas*; *Novas tramas para as técnicas de ensino e estudo*. Reflete sobre a importância dessa produção e como ela se desdobrou no pensamento pedagógico brasileiro com impactos significativos nos fazeres e nos pensares da formação de professores.

Em "Repensando a didática e suas contribuições ao longo do tempo", Maria Eugênia Castanho e Sérgio Castanho visitam a pioneira obra *Repensando a didática*, lançada em 1988, com 29 edições e várias reimpressões. Esses números, por si sós, atestam a importância dessa coletânea cuja preocupação foi a formação de professores, repensando o papel da didática na formação docente, buscando a efetivação da prática pedagógica crítica. Ressaltam o pioneirismo do livro que reuniu "nove autores, professores de Didática em universidades de Minas Gerais, do Piauí, de Brasília, de São Paulo e do Rio Grande do Sul, todos com muita experiência em educação escolar". O livro cobriu um vácuo no campo da didática, ao dar uma avançada leitura de seus elementos constituintes e tem grande impacto na arena acadêmica da formação de professores. Ilma assumiu a liderança da obra que se destacou como um marco de novas perspectivas.

É de Ana Lúcia Amaral e Ângela Imaculada Loureiro de Freitas Dalben o próximo capítulo que foca o tema do "Magistério: Formação e trabalho pedagógico – Diferentes ângulos da problemática educacional".

Destacam "o trabalho substancioso e inovador da professora Ilma Passos Alencastro Veiga, na condição de *organizadora* e *autora* da Coleção Magistério: Formação e Trabalho Pedagógico". Trazem à tona "a sensibilidade e a perspicácia da professora, ao ligar os 'pares' *autor/tema* ao longo de toda a coleção". Nesse sentido, o texto destaca importantes capacidades da homenageada, como intelectual que avança teoricamente em seu campo de estudo, que articula de forma generosa parceiros autores e que assume uma posição formadora de pesquisadores da área. Para sua análise, Ana Lúcia e Ângela elegeram cinco livros focados em dois grandes e importantes temas: formação de professores e técnicas de ensino. Por essa dedicação, consideram Ilma Veiga "a grande personagem da didática dos anos 2000", na medida em que "não deixou que a produção clássica da área se perdesse e, colada à realidade prática, seja do ensino superior, seja da escola de educação básica, reconfigurou a sua discussão em torno da pedagogia crítica dos novos tempos".

Na atuação como docente universitária ligada à pós-graduação, Ilma replicou conhecimentos e afetos. É o que revela o texto "Elos da relação dialética e dialógica no percurso formativo de docentes pesquisadoras", escrito por Ana Maria Iorio Dias, Isabel Maria Sabino de Farias e Silvina Pimentel Silva. A realização de estágio pós-doutoral na Universidade de Brasília, no Programa de Pós-graduação em Educação, mais precisamente no Grupo de Estudos e Pesquisa sobre Docência Universitária e Inovações Pedagógicas (Prodocência), coordenado pela professora Ilma Passos Alencastro Veiga se constituiu num marco na formação das autoras. Afirmam que "tal relação de vida e de formação é tecida pelo movimento dialético do diálogo educativo, fio analítico que nos levará, neste texto pretexto, a revisitar as nossas concepções teóricas como ensinantes e aprendentes. Aqui consideramos influências e contribuições do que vivemos nos espaços existenciais, em particular nos caminhos da formação de pesquisadores". Participar das sessões ordinárias do grupo de pesquisa coordenado por Ilma Veiga propiciou a confrontação de saberes e fazeres como formadoras e pesquisadoras, fornecendo outros parâmetros acerca dessa dimensão da docência universitária. O teor do texto evidencia a faceta educativa da convivência das autoras com sua docente orientadora e seu importante papel pedagógico em suas vidas. Consideram que o grupo de pesquisa coordenado por Ilma foi impulsionador para a formação da Rede Inter-regional Norte, Nordeste e Centro-Oeste (Rides): Ampliando as possibilidades da pesquisa em parceria.

Sem dúvida, uma das mais importantes contribuições de Ilma se refere à construção explicitada no texto "O diálogo com o projeto político-pedagógico da escola", de Rosana César de Arruda Fernandes. Quando o discurso pedagógico ressaltou a educação como ato social e político, distante da neutralidade e da invisibilidade coletiva das ações das instituições de ensino, a legislação incorporou a obrigatoriedade da construção e da publicização de seus projetos políticos-pedagógicos. Num investimento importante, Ilma Veiga foi o referencial teórico-prático que deu sustentação para compreensão e elaboração de tão importante referente institucional. Rosana ressalta que Ilma "apresenta o PPP como expressão da gestão democrática que se caracteriza como movimento pela democratização da escola e como possibilidade de valorização e inclusão da diversidade relacionada aos anseios dos estudantes em contraposição às desigualdades educacionais". Chama a atenção para o fato de que, nos escritos de Ilma, a construção coletiva é um valor, usando um "espaço-tempo gerador de um clima de confiança e diálogo que envolve dimensões humanas cognitivas, estéticas, éticas, emocionais e outras".

Afirmando a formação de professores como campo de conhecimento preferencial da produção de Ilma, Joana Paulin Romanowski e Pura Lúcia Oliver Martins organizam o capítulo "Sobre 'a aventura de formar professores'". Incluem, na sua análise, eixos que consideram fundamentais, estabelecendo um diálogo com as experiências vivenciadas pela convivência das autoras com a produção da professora homenageada. Desse diálogo decorrem interações estabelecidas com discussões de três proposições sobre a formação de professores, nas quais se mesclam a própria trajetória profissional dessas intelectuais. Realizam um estudo do tipo estado da arte, numa perspectiva cartográfica, dos textos que se reportam à formação de professores. Registram a síntese das contribuições de Veiga, destacando "os pontos, os temas e as práticas basilares" que conseguiram captar "nesse diálogo com sua trajetória de vida profissional".

E é na dimensão da solidariedade que Claudia Christina Bravo e Sá Carneiro, Meirecele Calíope Leitinho e Liliane Campos Machado escrevem o seu capítulo, "Rede Inter-regional Norte, Nordeste e Centro-Oeste (Rides): Ampliando as possibilidades da pesquisa em rede", tomando a constituição da Rides como uma iniciativa decorrente da liderança de Ilma Veiga. Numa perspectiva histórica, trazem importantes registros referentes à gênese da constituição da Rides e o papel que ela tem representado para os pesquisadores das regiões Norte, Nordeste e Centro-Oeste. Ressaltam "a contribuição da Rides para a educação básica e superior do país, dialogando com instituições e órgãos de fomento da educação, na busca de implementar uma política nacional de desenvolvimento profissional docente". Ressaltam o papel da Rede como impulsionadora do desenvolvimento científico da região e o campo da educação como fértil para o trabalho em parceria.

Concluindo esses importantes registros que marcam a vida da professora, pesquisadora e cidadã, Ilma Passos Alencastro Veiga, sua passagem pelo Centro Universitário de Brasília é a inspiração para Dalva Guimarães dos Reis e Maria Helena Viana de Souza, no texto, denominado, com muita justiça, "O legado de Ilma Veiga ao projeto de educação superior do Uniceub". As autoras afirmam que o terreno era fértil para a ação pedagógica no âmbito institucional. Mas "a chegada de Ilma, sua competência, sua referência como pesquisadora, não trouxe à instituição uma figura autoritária, com o domínio absoluto do conhecimento pedagógico, trouxe, sim, a professora-educadora capaz de escutar a todos, de compartilhar e integrar esforços para uma construção coletiva das ações propostas. Sua 'magia pedagógica' se fazia sentir quando ouvia a todos, reconhecia o que já vinha sendo feito e, a partir disso, aberta ao diálogo, promovia ações conjuntas geradoras de transformações". Nessa etapa, pôde Ilma exercer com maestria os saberes da formação de professores universitários em serviço, com ênfase em uma educação continuada capaz de mobilizar subjetividades e saberes.

Como é possível confirmar, cada capítulo traz à tona saberes e contribuições que marcaram a vida de muitas pessoas e continuarão a dar frutos para muitas gerações. A leitura, que agora estimulo, confirma que não há razão sem emoção. Como na teoria freiriana, também vale lembrar que a base da relação discência/docência está no rigor ético dos processos reflexivos. Essa é a marca de Ilma.

Por fim, agora com um caráter muito pessoal, volto à inspiração de Cora Coralina: "Nas palavras das tuas mãos leio as linhas da minha vida!".

*Maria Isabel da Cunha**
Porto Alegre, 29 de setembro de 2021.

* Doutora em Educação pela Unicamp, é professora aposentada do corpo permanente do Programa de Pós-graduação em Educação da Universidade Federal de Pelotas (UFPel) e docente colaboradora do Programa de Pós-graduação em Ensino na Saúde da Universidade Federal de Ciências da Saúde de Porto Alegre (UFCSPA). Dedica-se à área da formação de professores e à pedagogia universitária. É pesquisadora 1 do CNPq.

1
ILMA PASSOS ALENCASTRO VEIGA: VIDA E TRAJETÓRIA DE UMA EDUCADORA EMÉRITA

Cleide Maria Quevedo Quixadá Viana
Edileuza Fernandes Silva

Da infância em Goiás ao magistério...

Ilma Passos Alencastro Veiga, nascida na cidade de Goiás, foi uma criança "forte e decidida, sempre soube o que queria",[1] como relembra a irmã Zilah. Essa determinação tem transformado tanto a vida das pessoas que com ela convivem e aprendem quanto o mundo, por meio da educação, sempre ensinando e aprendendo em uma relação dialética e dialógica com alunos e orientandos.

Suas primeiras experiências familiares balizaram sua trajetória de educadora em permanente construção. Filha de Humberto Alencastro Veiga e Julieta de Passos Alencastro Veiga, Ilma constrói sua história de forma afetiva e comprometida, tendo sempre como prioridade a família

1. Os excertos em destaque são depoimentos da irmã Zilah de Passos Alencastro Veiga, em entrevista realizada pelas autoras.

e o trabalho voltado à formação de gerações de professores. As marcas intensas e felizes da infância contribuíram para que ela se tornasse uma mulher-educadora sensível, atenta e "rigorosa" (Shor e Freire 1986). O rigor paterno, que não era sinônimo de autoritarismo, convivia com a liberdade necessária e impulsionadora de Ilma; e a amorosidade da mãe, inspiração para a forma como se relaciona pessoal e profissionalmente com familiares, alunos, orientandos e colegas de trabalho.

Brincalhona, era "muito criativa" e sempre liderava as brincadeiras, confeccionava bonecas, desenhava e costurava roupas para as duas irmãs, fazia crochê, tricô, bordado, desenhava, ensaiava peças de teatro para apresentar em festas familiares. A menina sempre incansável, "uma artista completa", cresceu e seguiu seu caminho, estudou e trabalhou em diferentes cidades. Sua carreira no magistério começou muito cedo, aos 18 anos, como professora do Jardim de Infância de Aplicação do Instituto de Educação de Goiás, resultado de premiação pelo brilhantismo como aluna do Curso Normal, reconhecimento do governo do estado de Goiás.

Licenciada em Pedagogia e em Educação Física, Ilma identificou-se com a formação de professores, área à qual se dedicou como docente, pesquisadora e escritora. Nessa trajetória, "vai trabalhando com as contradições da realidade e corrigindo as rotas precárias" (Castanho e Castanho 1993, p. 62), ciente da incompletude do ser pessoa e do ser professora. Procuramos então, neste breve capítulo, recuperar e reafirmar o legado dessa singular educadora, com mais de 50 anos de dedicação ao exercício da docência e à educação. Certamente, o espaço é pequeno para abarcar sua grandiosa obra voltada ao ensino, à pesquisa, à formação de professores, à didática e retratar a construção de sua identidade profissional em percursos trilhados de forma contextualizada por meio de influências do meio familiar e social.

O legado de Ilma Veiga: Ensino, pesquisa, gestão

Ao longo de anos de trabalho em diferentes funções e espaços, o legado de Ilma Veiga para a educação é singular e contempla:

assessoramento à Secretaria de Educação de Goiás e ao Ministério da Educação, que propiciou o contato com a gestão e as políticas públicas educacionais; professora-pesquisadora no ensino superior na Universidade Federal de Uberlândia (UFU) e na Universidade de Brasília (UnB), sempre comprometida com a prática pedagógica do professor de Didática e seu papel na formação do professor; como assessora pedagógica no Centro Universitário de Brasília (Ceub), no período de 2004 a 2019, contribuindo para a formação continuada dos professores da instituição e para a criação de cursos como o de Medicina.

Na UnB, Ilma Passos Alencastro Veiga é professora titular aposentada pela Faculdade de Educação (FE), lotada no Departamento de Métodos e Técnicas, especificamente na área de didática. Foi a primeira professora da FE a receber o título de professora emérita, em 15 de março de 2010. Ela confessa nunca ter imaginado receber um título tão elevado após mais de 50 anos no exercício da docência e da pesquisa.

Duas décadas após sua aposentadoria na UnB, continuou prestando relevantes serviços ao Programa de Pós-graduação em Educação (PPGE), como orientadora de mestrado, doutorado, supervisora de pós-doutorado, coordenadora do Grupo de Estudos e Pesquisa sobre Docência na Educação Superior e Inovações Pedagógicas (Prodocência), envolvendo um número significativo de professores de diferentes instituições de todas as regiões do país.

Assim, agregadora e inclusiva, sempre acolhia a todos que desejavam estudar e pesquisar, "nunca se vangloria de suas conquistas e nem menospreza os outros, brilha em todos os lugares por onde passa e recebe homenagens pelo trabalho que desenvolve". Esse reconhecimento de sua irmã Zilah reflete o pensamento dos que a conhecem, de uma educadora que tem a simplicidade dos grandes. É conhecida no meio acadêmico por sua generosidade em abrir espaço para colegas e profissionais da educação e por seu compromisso rigoroso com a formação de educadores e com a didática. Ao ser indagada[2] sobre essa característica, Ilma assim se expressou: "Eu

2. Depoimentos obtidos por meio de entrevista realizada antes da pandemia de Covid-19.

não sei se o termo seria generosidade acadêmica. No momento em que eu compreendi que o trabalho docente é um trabalho coletivo, eu fui deixando de lado o individualismo acadêmico, abrindo espaço para sedimentar o conceito na minha prática docente e de pesquisadora". No exercício da atividade docente, Ilma prima pela indissociabilidade teoria-prática, indispensável à constituição da práxis como atividade teórica que ganha sentido na "relação com a prática, já que nela encontra seu fundamento, seus fins e critério de verdade" (Sánchez Vázquez 2007, p. 232). É essa práxis transformadora das realidades individuais e coletivas a marca de sua vida pessoal e profissional.

Para quem convive com Ilma, é fácil identificar na sua prática a veracidade de seu comentário de que, à medida que abre espaço para os colegas, graduandos e pós-graduandos, sua experiência se amplia e que, para ela, essa forma coletiva de trabalhar e produzir a estimula para um processo acadêmico fértil de socialização de experiências, fortalecimento das relações profissionais e afetivas e conhecimento como pessoa, profissional, principalmente no sentido de conviver presencial e virtualmente com colegas próximos e distantes. Esse estímulo dado pelo trabalho coletivo significa muito para ela, que vê nisso a oportunidade de conviver com a juventude, fonte de inspiração.

Suas obras: Contribuições para o campo da didática e para o ensino superior

Suas obras sempre buscaram a produção do novo (Veiga 1989). Na década de 1980, quando cursava seu doutorado em Metodologia de Ensino, pela Unicamp, Ilma coordenou o livro *Repensando a didática*, publicado pela Papirus Editora, atualmente em sua 29ª edição e também comercializado em *e-book*. Esse livro, escrito coletivamente em 1987 e editado em 1988, se tornou então um marco, uma referência nacional nas disciplinas de Didática em todo o país, trazendo, entre seus autores, além da própria coordenadora, nomes conhecidos no meio acadêmico atual, como: Antonia Osima Lopes, Maria Bernadete Caporalini, Maria Eugênia

Castanho, Maria Isabel da Cunha, Olga Teixeira Damis, Oswaldo Alonso Rays, Pura Lúcia Oliver Martins e Vani Moreira Kenski, quando estes se iniciavam no mundo editorial acadêmico. Despretensioso inicialmente, conforme indica seu objetivo na apresentação da 1ª edição (1988, p. 7), que era "contribuir para a ampliação e o aprofundamento das reflexões já realizadas e estimular a busca de uma proposta didática voltada para a efetivação da prática pedagógica crítica", logo se tornou um livro-texto adotado por professores de Didática nos cursos de formação de professores do país.

No ano seguinte, 1989, Veiga publicou o livro *A prática pedagógica do professor de didática*, fruto de pesquisa desenvolvida em sua tese de doutorado, sob a orientação do professor Newton Cesar Balzan. O livro atingiu sua 13ª edição. Daí em diante, foram inúmeras as publicações que se sucedem até hoje, algumas individualmente e muitas sob sua coordenação e organização, reunindo pesquisadores de diferentes instituições de educação básica e de ensino superior, de diferentes estados do país e do exterior, profissionais e estudiosos integrantes, e não integrantes, do grupo Prodocência, que durante anos desenvolveu estudos sistemáticos realizados na Faculdade de Educação da UnB.

A produção acadêmica de Ilma Veiga, publicada por editoras nacionais, principalmente a Papirus, que conta com uma rede de distribuição nacional, fez com que suas ideias chegassem aos cursos de graduação e, principalmente, aos de licenciatura, tornando-a conhecida em todo o país e requisitada para participar de bancas em diversas instituições, proferir palestras, cursos, dar assessoria em instituições de ensino e órgãos governamentais. Entre tantas contribuições, as mais significativas para ela são os minicursos que, ao longo dos anos, vem ministrando na Associação Nacional de Pós-graduação e Pesquisa em Educação (Anped) e na Associação Nacional de Política e Administração da Educação (Anpae), porque abordam temas didáticos importantes contando com elevado número de pessoas de diferentes regiões do país, bem como outras participações em eventos internacionais, que têm favorecido seu desenvolvimento profissional docente, e também o fato de poder trabalhar com professores da educação básica.

Dois livros organizados por Ilma Veiga foram indicados ao Prêmio Jabuti, evento organizado pela Câmara Brasileira do Livro com o propósito de premiar os melhores livros brasileiros publicados em diferentes categorias: *Formação médica: Aprendizagem baseada em problemas*, de 2015, e *Ensino fundamental: Da LDB à BNCC*, de 2018. Ambos, publicados pela Papirus, concorreram na categoria Humanidades.

Em sua simplicidade, Ilma avalia que tantos convites se devem ao fato de estar sempre aberta a novos desafios. Além disso, ela acredita que o que facilita a leitura dos livros é a forma didática dos textos, com linguagem acessível, procurando sempre articular a relação teoria-prática em um diálogo com o professor que vivencia o dia a dia da escola e das instituições de ensino superior.

Sem desmerecer todas essas experiências, foi no campo do ensino e da pesquisa em didática e desenvolvimento profissional docente sua contribuição mais relevante, o que faz com que seja uma das referências na área, com um número expressivo de livros publicados.

A relação com a didática

A concepção de didática inicialmente tradicional, na formação inicial no curso de magistério, foi sendo ressignificada no desenvolvimento profissional docente, da visão escolanovista à tecnicista, para finalmente encontrar, no âmbito da pedagogia histórico-crítica, a possibilidade de uma didática pautada pela unicidade: teoria-prática, ensino-pesquisa, conteúdo-método, objetivo-avaliação, professor-aluno. Uma didática que busca a construção do diálogo entre as didáticas – geral, específicas e do ensino superior, criando a "possibilidade de rupturas e avanços em direção à perspectiva crítica, inovadora e edificante, para a construção de práticas pedagógicas alternativas que promovam aprendizagens" (Veiga e Fernandes Silva 2020, p. 59) de professores e estudantes.

A defesa de Veiga é por uma didática como campo da pedagogia que se ocupa dos fundamentos do ensinar em seus aspectos abrangentes, no caso de cunho mais geral, e das especificidades das áreas de conhecimento, no caso das específicas, devendo ser efetivadas na formação profissional dos estudantes em uma perspectiva democrática, justa e inclusiva (*ibidem*). É essa a visão de didática concebida e também vivida por ela, reafirmando assim, a coerência teórico-prática que caracteriza a práxis criadora e transformadora da realidade (Sánchez Vásquez 2007).

Suas maiores referências em termos qualitativos de autores brasileiros que escrevem sobre a didática são: Dermeval Saviani, professor de História da Educação; Vera Candau, por todo o conhecimento da didática no tratamento do multiculturalismo e da diversidade; José Carlos Souza Araujo, professor de História da Educação, pela densidade teórica no tratamento de temas pertinentes ao processo de ensino; Antonio Flavio Barbosa Moreira, pela contribuição ao estudo do currículo para fazer o entendimento da didática na concretização da docência; Paulo Freire, em sua concepção de uma proposta de educação consciente e libertadora que fortalece a problematização e o diálogo.

Entre os autores estrangeiros, Ilma aponta: Jurjo Santomé, ao discutir o currículo integrado, interdisciplinar, que possibilita respaldo para compreender a docência como processo dialógico; Gimeno Sacristán, na discussão sobre a docência e o ensino de forma crítica sem deixar de lado as questões sociais, éticas e do trabalho com a relação teoria/prática; Sánchez Vázquez, por fortalecer a compreensão de práxis como unicidade da relação teoria-prática e propor uma visão crítica sobre as práticas pedagógicas repetitivas e criativas.

Ilma categoriza os eixos que fundamentam sua obra da seguinte forma:

1) relação teoria/prática;
2) contexto da escola e suas relações com a universidade;
3) ética, estética e criatividade;
4) criticidade, o coletivo e o diálogo.

Em seu entendimento, os eixos foram agregados, organizados e sedimentados na produção didática, no processo de desenvolvimento profissional docente e de desenvolvimento da pesquisa e vinculam-se à sua produção.

Os temas da área da didática mais pesquisados por Veiga são aqueles voltados para a construção do projeto político-pedagógico e sua relação com a avaliação, com as metodologias participativas e problematizadoras e as metodologias e técnicas de ensino. Destacam-se as abordagens de concepção de didática que possibilitem o diálogo na sala de aula, tendo em vista a construção da relação pedagógica que supere a dependência do estudante e busque a instituição de processos didáticos favoráveis ao seu desenvolvimento humano, acadêmico e profissional. Assim, Veiga considera que o processo de formação de um educador é contínuo e permanente. É evolutivo e contínuo porque temos a formação inicial e continuada, que não são importantes por si sós. Esse processo de formação tem que estar articulado com o processo de valorização profissional, que envolve não somente o Art. 67 da Lei de Diretrizes e Bases da Educação Nacional (LDBEN) n. 9.394/96, como também as questões de organização do trabalho docente ou do exercício do magistério, por meio da compreensão dos direitos e deveres profissionais e da organização da categoria em sindicatos e conselhos e a concretização do plano de carreira. Sem isso, não adianta formar. Tem que haver reconhecimento e prestígio profissional, sendo este um processo complexo que contribui para o desenvolvimento profissional docente.

Para Veiga, a didática trabalhada isoladamente pouco contribui para a prática docente. Por ser a síntese dos fundamentos filosóficos, psicológicos, sociológicos, científicos, antropológicos, entre outros, ao fazer a síntese, a didática favorece a compreensão do sistema educativo e passa a contribuir com uma visão de prática docente mais ampla, para sua operacionalização na sala de aula quanto às reflexões sobre o papel da escola, para compreender e valorizar a diversidade de estudantes que adentram a sala de aula, para compreender o importante papel do professor na concepção, na execução e na avaliação do processo de ensino-aprendizagem de forma planejada e organizada.

Em relação às obras de autores que atuam, pesquisam e produzem no campo da didática na atualidade, Ilma identifica que algumas delas estão mais voltadas para uma visão tecnicista de didática, enquanto outros discutem a didática escolanovista, mas os autores que mais atuam, pesquisam e publicam deixam transparecer uma concepção crítica, criativa e dialógica, enfatizando temas emergentes que circundam a sala de aula, na perspectiva de uma didática histórico-crítica.

Compromisso com a produção de conhecimentos em rede

A criação da Rede Inter-regional Norte, Nordeste e Centro-Oeste sobre Formação Docente para a Educação Básica e Superior (Rides), em 2008, reflete o engajamento da educadora-pesquisadora no sentido de democratizar o conhecimento científico de pesquisadores de regiões historicamente secundarizadas no cenário nacional. De acordo com artigo 1º do regimento da Rides, integram-na pesquisadores com interesse "na Formação e no Desenvolvimento Profissional Docente para a Educação Básica e Superior, em desenvolver pesquisas e ações articuladas, entre as três regiões do País, ou outras, nacionais e internacionais" (Rides 2019).

Várias são as pesquisas realizadas com grupos de colegas profissionais da educação em todos os níveis de ensino e diferentes instituições do país. Comentando os aspectos positivos e possíveis fragilidades dessas experiências e o que elas trazem como benefício para profissionais e instituições educacionais, Ilma Veiga menciona ter desenvolvido sete pesquisas insterinstitucionais em parceria com diferentes Instituições de Ensino Superior (IES), todas aprovadas por mérito e financiadas pelo Conselho Nacional de Desenvolvimento Científico e Tecnológico (CNPq). As temáticas desenvolvidas giraram em torno do ensinar, do aprender, do pesquisar e do avaliar na universidade; licenciatura em pedagogia; construção ético-profissional da docência; docência na educação superior; desenvolvimento profissional; a didática e a formação de professores para a educação básica e superior e a formação médica e aprendizagem baseada em problemas; e a relação pedagógica como vínculo de dependência ou emancipação.

A partir dessas experiências, Veiga destaca como pontos positivos da pesquisa: (a) a parceria que favorece o convívio com a reciprocidade, com o coletivo, incorporados em uma mesma dimensão do trabalho dos pesquisadores, procurando responder às transformações educacionais, políticas etc.; (b) a representação da síntese das interlocuções entre os pesquisadores e os sujeitos pesquisadores; (c) a construção profissional de conhecimentos e a socialização de experiências entre os pesquisadores interinstitucionais; (d) a abertura de espaço para a ação solidária. Assim, trabalhar e pesquisar em parceria significa fazer parte de determinado grupo sem imposição ou cooptação. Esse tipo de pesquisa que se apoia na participação no sentido de trabalhar conjuntamente a partir de objetivos comuns tem um significado para os pesquisadores.

Se, de um lado, as experiências vividas deixaram transparecer pontos facilitadores de pesquisa, de outro, Veiga menciona que ela tem mostrado que o processo, além de complexo, é permeado por fragilidades, tais como: presença de conflitos e tensões decorrentes das relações de poder; não cumprimento das tarefas acadêmicas dentro dos prazos no coletivo; não priorização da pesquisa como atividade acadêmica; entre outras fragilidades. Ela faz questão de ressaltar que, sem a conquista da relação de parceria e o compromisso ético dos pesquisadores, não é possível desenvolver a pesquisa interinstitucional.

Ilma Veiga: Na trajetória, descobri novas trilhas, encontrei novas pessoas, novas formas de construir e socializar o conhecimento

Para finalizar, consideramos oportuno visualizar um pouco mais a trajetória acadêmica de Ilma Veiga, a partir de trechos de seu discurso proferido por ocasião da outorga do título de Professora Emérita da UnB, publicado posteriormente na *Revista Linhas Críticas*, v. 16, n. 30, sob o título "Eu, professora: Uma narrativa autobiográfica", no qual recorre ao autor Michel Huberman, no capítulo "O ciclo de vida profissional dos professores", publicado no livro *Vida de professores*, pela Porto Editora.

Nas palavras de Ilma Veiga, as marcas do seu processo profissional e da constituição de sua identidade docente, "não foram forjadas nos caminhos do desânimo e da amargura" (Veiga 2010, p. 183), o que explica seu temperamento sempre bem-humorado, alegre e otimista diante da profissão professora, sem desconsiderar os obstáculos, os conflitos e as tensões: "Enfrentei contradições. Mas, na trajetória, descobri novas trilhas, encontrei novas pessoas, novas formas de construir e socializar o conhecimento" (*ibidem*). Com essa perspectiva diante da vida e da profissão, sua identidade profissional foi "construída com atitudes tímidas, simples, solidárias, com serenidade e ética, de forma processual, cíclica, e não por meio de uma simples sucessão de fatos" (*ibidem*). Para explicar esse processo, Veiga recorre aos ciclos descritos por Huberman (1995): (1) o despertar da profissão; (2) o rito inicial; (3) a busca da segurança; (4) a busca da diversificação; (5) a serenidade como estado de espírito; (6) o desinvestimento.

Seguindo esses ciclos, a trajetória da professora inicia com a lembrança do gosto pelo estudo e pela sala de aula que ela nutria desde a infância. Curiosa e interessada, procurava entender os mistérios da docência no convívio com a mãe, professora de Desenho Industrial da instituição hoje denominada Instituto Federal de Educação, Ciência e Tecnologia de Goiás, sua referência inicial na profissão futura. Essa experiência vivida na infância e em parte da adolescência foi ampliada pelos estudos no Curso Normal ficando mais claras e intensas quando começou a atuar como professora e no seu ingresso no curso de Pedagogia.

Na segunda fase, Ilma fala de seu deslumbramento no primeiro contato com a escola, a sala de aula, as crianças pequenas, apesar da surpresa com o "choque do real". Ela considera ter sido um tempo de aprendizagem, tentativas, ensaios e acertos para a superação de conflitos e desafios, de preocupação com a aquisição de saberes pedagógicos e específicos da docência oriundos da prática. Nessa fase, houve o enfrentamento em relação à instabilidade devido à remuneração precária e à necessidade de criar uma imagem de sucesso e credibilidade, e a identificação de um "duplo aspecto comportamental, caracterizado pela sobrevivência na profissão e pela descoberta das possibilidades de pertencimento ao grupo de professores" (Veiga 2010, p. 184), apesar do sentimento de individualidade predominante na época entre os professores.

Nesse período, Ilma menciona que a construção da sua identidade profissional não se fez apenas de seu esforço, mas também das condições e da influência do contexto socioeconômico, político e institucional no qual viveu, período esse em que se iniciava a decadência da concepção missionária e sacerdotal do magistério, embora sem a instalação do profissionalismo.

A terceira fase (entre os 4 e 6 anos de carreira), que se seguiu à transição entre o início da carreira e a estabilização foi a de "busca de segurança". Nessa fase, ela foi aprovada em concurso público como professora do ensino médio, vivenciou diferentes experiências profissionais com o compromisso de tornar mais dinâmica a prática docente, assumiu compromissos acadêmicos, institucionais e com sua formação continuada. Ela reconhece que nesse período sua "identidade girava na esteira da consciência ingênua, influenciada pela preparação adequada de recursos humanos sob a ótica da concepção economicista de educação" (Veiga 2010, p. 185).

A quarta fase (de 7 a 25 anos de carreira) correspondeu à "busca da diversificação". Nessa, houve o investimento na "experimentação, diversificação e consolidação de um repertório pedagógico" (*ibidem*), com algum questionamento em relação às precárias condições de funcionamento da escola e a parca remuneração dos professores, o que fortaleceu sua capacidade de divergir e questionar os problemas profissionais detectados na escola e na universidade e a sedimentar o conceito de profissão.

Foi nessa fase que Ilma realizou o mestrado em Educação na Universidade Federal de Santa Maria (UFSM), obtendo o título de mestre em Currículo de Nível Médio, assumiu a docência no ensino superior, cargos institucionais, primeiro na Secretaria de Estado de Educação de Goiás, depois, na Coordenação Pedagógica do Departamento de Ensino Médio do Ministério da Educação, na implantação da Lei n. 5.692/71 nas Escolas Técnicas e Agrotécnicas Federais e nos sistemas federais e estaduais de educação.

A diversidade de atividades assumidas propiciou novas descobertas, levando-a, também, ao embate ideológico. Nesse processo de construção de sua identidade profissional, Ilma acredita ter sido importante a contribuição do convívio

> no espaço da sala de aula com meus alunos, nas reuniões de colegiado, junto a outros professores e no convívio com os funcionários e assessores do Ministério da Educação, nas assembleias do sindicato, nos movimentos grevistas e reivindicatórios, nos eventos científicos e em outros espaços. (Veiga 2010, p. 186)

Nessa fase, Ilma foi agraciada com a medalha Nilo Peçanha, outorgada pelo Ministério da Educação, em reconhecimento pelas ações pedagógicas geradas em prol do ensino médio e da educação profissional. Ainda nessa fase, ela cursou o doutorado em Metodologia do Ensino, na Unicamp, tendo suas reflexões sobre educação e didática influenciada pela pedagogia histórico-crítica, de Dermeval Saviani, a qual defende a importância da apropriação crítica dos conhecimentos historicamente produzidos pela humanidade. Nesse sentido, Ilma despertou para o entendimento de que

> tão importante quanto a consciência crítica e política, eram as práticas organizativas de apropriação do conhecimento, pois estas ocupavam um espaço também relevante. Compreendi que o SER PROFESSORA envolve o SER MILITANTE. São instâncias inseparáveis, representam o encontro do individual com o coletivo na construção da identidade pessoal e profissional do professor. (Veiga 2010, p. 186)

Na universidade, Ilma atingiu a categoria mais elevada da carreira acadêmica, professora titular, como também, desde então, tornou-se pesquisadora no CNPq e pesquisadora sênior, na UnB.

A quinta fase (entre 25 e 35 anos de carreira), da "serenidade como estado de espírito", Ilma menciona tê-la construído ao longo do seu exercício profissional, à medida que foi se sentido mais confiante, tranquila, segura e foi desenvolvendo o espírito questionador e crítico.

A sexta e última fase, considerada a do "desinvestimento: desvincular ou reinaugurar?", pode trazer serenidade e/ou amargura. Ilma aposentou-se pela UnB em 1994, como tantos outros colegas de diversas instituições públicas de ensino superior, em um contexto marcado por fortes pressões e ameaças de perdas trabalhistas provocadas pela crise de acumulação do capital e as reformas e os ajustes necessários para atender às exigências da agenda neoliberal.

Entretanto, ela não encerrou com a aposentadoria sua trajetória acadêmica. Ela fez a opção pela reinauguração e pelo recomeço. Após 50 anos dedicados ao magistério, continuou assumindo seu papel como pesquisadora do CNPq, orientando pós-graduandos e supervisionando pós-doutorandos.

Entre outras ocupações, Ilma já foi professora visitante na Universidade Federal de Pelotas (UFPel) e na UFU, ampliou sua participação na organização editorial da Coleção Magistério: Formação e Trabalho Pedagógico e o processo de publicação de novos livros, individuais e coletivos. Aceitou convite para trabalhar novamente no Ministério da Educação, em projetos de expansão e melhoria do ensino médio e da educação profissional e fez pós-doutorado em Formação de Professores na Unicamp, investindo no processo de desenvolvimento profissional docente. No Centro Universitário de Brasília (Uniceub), desempenhou a função de assessora pedagógica responsável pelo processo de formação continuada de professores da educação superior, afirmando que "o princípio fundante de sua identidade profissional é a capacidade de aprender para ensinar" (Veiga 2010, p. 188).

Hoje, para ela, e para nós também, ainda não chegou a hora do desinvestimento profissional. Ilma continua ministrando palestras pelo país, participando de bancas de programas de pós-graduação e de avaliação de professores titulares, pesquisando e publicando, prestando assessoria pedagógica a instituições e órgãos públicos federais, estaduais, municipais e privados, e, principalmente, zelando e atuando ativamente pela continuação da Rides, da qual foi mentora e é presidente de honra.

Ela não nos deixa parar. Está sempre inventando novidade e "perturbando" o nosso juízo. Como disse sua irmã Zilah, "ela pega mesmo no pé da gente". Trabalhar com a Ilma é uma aventura contagiante, embora, às vezes, ela tire mesmo o nosso juízo, no bom sentido. Ela alegra e enriquece o trabalho, a convivência com seus pares, com seu brilho, sua alegria, seu espírito juvenil, sua sabedoria, solidariedade, amizade e inteligência. São essas e muitas outras qualidades que a fazem ser esta pessoa especial, esta profissional admirável que temos a honra de ter como mentora e colega e que, por meio do presente livro, nos levou a nos reunirmos para homenageá-la pela sua trajetória profissional e pela pessoa especial que é.

Por fim, queremos abrir parênteses quando Ilma diz que "construiu uma identidade pessoal e profissional com atitudes simples, tímidas, solidárias e com serenidade ética". Ilma é uma estrela que brilha alto pela sua humildade. Que tenhamos você por muito tempo iluminando nossos caminhos!

Referências bibliográficas

BRASIL (2014). Lei n. 9.394, de 20 de dezembro de 1996. Estabelece as diretrizes e bases da educação nacional. *Diário Oficial da União*. Brasília, 21 jul.

CASTANHO, M.E. e CASTANHO, M. (1993). "Os objetivos da educação". *In*: VEIGA, I.P.A. (coord.). *Repensando a didática*. Campinas: Papirus, pp. 53-64.

HUBERMAN, M. (1995). "O ciclo de vida profissional dos professores". *In*: NÓVOA, A. (org.). *Vida de professores*. Porto: Porto Editora.

RIDES (2019). Rede Inter-regional Norte, Nordeste e Centro-Oeste sobre Formação Docente para a Educação Básica e Superior. Regimento. Brasília.

SÁNCHEZ VÁZQUEZ, A. (2007). *Filosofia da práxis*. São Paulo: Expressão Popular.

SHOR, I. e FREIRE, P. (1986). *O cotidiano do professor*. Rio de Janeiro: Paz e Terra.

VEIGA, I.P.A. (1989). *A prática pedagógica do professor de didática*. Campinas: Papirus.

________ (2010). "Eu, professora: Uma narrativa autobiográfica". *Linhas Críticas*. Brasília, v. 16, n. 30, jan.-jun., pp. 183-191.

VEIGA, I.P.A. e FERNANDES SILVA, E. (2020). "Para onde vão a didática geral da educação superior e as didáticas específicas?". *In*: VEIGA, I.P.A. e FERNANDES, R.C. de A. (orgs.). *Por uma didática da educação superior*. Campinas: Autores Associados.

2
DISCURSO ALUSIVO À OUTORGA DO TÍTULO DE PROFESSORA EMÉRITA DA FACULDADE DE EDUCAÇÃO DA UNIVERSIDADE DE BRASÍLIA PARA A PROFESSORA DOUTORA ILMA PASSOS ALENCASTRO VEIGA[1]

Lívia Freitas Fonseca Borges

Magnífico reitor da Universidade de Brasília, professor José Geraldo de Souza Júnior, em nome de quem peço licença para cumprimentar os demais membros da mesa, da comitiva de honra, demais autoridades, colegas, estudantes, funcionários, amigos e familiares da nossa querida Ilma aqui presentes.

Estimada Ilma, professora homenageada neste dia tão especial que muito aguardamos. É com muita emoção que estamos aqui hoje, nesta manhã tão bonita e com tanta gente bacana e amiga aqui presente.

---

1. O presente texto é resultado da transcrição de vídeo, disponibilizada para revisão pela professora Cleide Quixadá, que gentilmente me fez o convite para integrar a obra acadêmica a ser publicada em homenagem à professora Ilma Passos Alencastro Veiga, o que faço com as devidas ressalvas de trechos recortados pelas circunstâncias do lapso temporal.

Sinto-me honrada e agradecida pela oportunidade de proferir um discurso em homenagem à Ilma neste significativo momento de outorga do título de professora emérita da Universidade de Brasília, o que farei em nome da área de desenvolvimento profissional docente do Programa de Pós-graduação da Faculdade de Educação da Universidade de Brasília.

Uma importante trajetória de vida pessoal e profissional aqui se apresenta. A professora Ilma Passos Alencastro Veiga é filha de Humberto Alencastro Veiga e de Julieta de Passos Alencastro Veiga. Nasceu na cidade de Goiás no estado de mesmo nome, Brasil, no dia 8 de março, significativa data.

A formação docente teve início no curso normal de nível médio, no Instituto de Educação de Goiás em Goiânia. Cursou bacharelado e licenciatura em Pedagogia na Faculdade de Filosofia, Ciências e Letras, atual Universidade Católica de Goiás. E Educação Física na Escola Superior de Educação Física de Goiás, atual Universidade Estadual de Goiás. Na pós-graduação, cursou especialização *lato sensu* em Formação de Professores no Centro de Pesquisa e Recursos Humanos João Pinheiro, na cidade de Belo Horizonte. Especialização em Orientação Educacional e Administração Educacional, na PUC de Minas Gerais. Mestrado em Educação na área de concentração: Currículos de nível médio, cursado na Universidade Federal de Santa Maria. Doutorado em Educação, na área de concentração de metodologia do ensino, realizado na Universidade Estadual de Campinas. Pós-doutorado, no campo da formação de professores, realizado na Universidade Estadual de Campinas. São 50 anos dedicados à educação no magistério.

O *curriculum vitae* da professora Ilma reflete uma trajetória de vida pessoal e profissional altamente marcada por seu compromisso com a educação brasileira democrática e de qualidade. Sua trajetória revela um profundo conhecimento a respeito da didática e do campo do desenvolvimento profissional docente em diferentes níveis e áreas da educação.

Na condição de pesquisadora associada sênior, a professora Ilma tem coordenado pesquisas interinstitucionais que congregam pesquisadores de diferentes níveis de formação inicial, continuada e em serviço que vão desde a iniciação científica, aos cursos de graduação e de pós-graduação *stricto sensu*, mestrado e doutorado, bem como em nível de pós-doutorado.

Tem sido expressivo o seu trabalho na formação de novos professores pesquisadores, eu me incluo entre eles, qualificando-os para orientações e produções científicas no campo educacional, em especial, na área do desenvolvimento profissional docente. Nesse sentido, a professora é um exemplo vivo de um dos princípios fundamentais na produção de conhecimento educacional que é a relação teoria e prática, unindo a palavra à ação.

A indicação da área de desenvolvimento profissional docente e do colegiado do Programa de Pós-graduação em Educação para a outorga deste título foi aprovada por unanimidade, em uma reunião ordinária que aconteceu em 2008, no dia 3 de abril. A aprovação final deste título consta da Resolução n. 08 do Conselho Universitário de 23 de junho de 2009. A outorga deste título à professora Ilma representa a coroação de um profícuo trabalho acadêmico no campo educacional. Um justo reconhecimento de uma vida pública ilibada e dedicada à educação de qualidade.

Nas atividades docentes da educação básica, ela já atuou no jardim de infância e na educação primária no Instituto de Educação de Goiás, foi professora de ensino médio do Curso Normal do Instituto de Educação de Goiás, foi técnica em planejamento educacional e membro da equipe estadual de currículos de primeiro grau da Secretaria Estadual de Educação. Foi coordenadora da área de assuntos pedagógicos do ensino médio da equipe nacional de currículo do ensino médio para a implantação da Lei n. 5.692 de 1971 do Ministério da Educação e Cultura. Ocupou ainda a função de subsecretária de ensino regular da Secretaria de 1º e 2º Graus do Ministério da Educação e Cultura.

Na educação superior, foi professora titular da Escola Superior de Educação Física de Goiás e, na condição de professora visitante, com bolsa do CNPq, trabalhou no Programa de Pós-graduação da

Universidade Federal de Uberlândia e da Universidade Federal de Pelotas. Como professora aposentada e pesquisadora do Programa de Pós-graduação da Faculdade de Educação da Universidade de Brasília, ocupou a função, também, de coordenadora desse programa.

Nesse percurso acadêmico, a professora coordena várias pesquisas interinstitucionais, orienta mestrandos, doutorandos e pós-doutorandos e já contabiliza 35 dissertações orientadas, dois doutorados concluídos, cinco orientandos de doutorados, seis supervisões de estágio pós-doutoral já concluídas, duas em andamento e uma em processo de aprovação para março de 2010.

A professora é pesquisadora do CNPq com bolsa de produtividade para realizar pesquisas na graduação e na pós-graduação e foi consultora da Unesco e de programas ministeriais. Desenvolve ainda atividades de consultoria *ad hoc* no CNPq, onde, em conjunto com o Ministério da Educação, por intermédio do Inep, da Capes, da SESu/MEC, tem também sido membro da Comissão de Supervisão Pedagógica da Secretaria de Educação Tecnológica, da Secretaria de Educação Básica do Ministério da Educação para o programa Brasil Profissionalizado, que é uma parceria com a Unesco.

Na *Revista Linhas Críticas*, da Faculdade de Educação da Universidade de Brasília, atua como conselheira e é membro do comitê editorial, tendo desempenhado importante papel na organização de publicações e na autoria de textos acadêmicos. Recentemente coordenou o número 26 da referida revista sob o título: "Docência na educação superior", uma temática candente na sua linha de pesquisa.

A professora tem desenvolvido importante trabalho na coordenação da Coleção Magistério: Formação e Trabalho Pedagógico, da Papirus Editora, desde 1989. Para se ter uma ideia da magnitude dessa obra, ela tem avalizado nesse período publicações de trabalhos referenciais no campo educacional e eu já constatei, inclusive, aqui entre nós hoje, pessoas que têm autoria nessas publicações. A professora Ilma apresenta expressiva produção científica própria por meio de obras de autoria individual e compartilhada sob sua organização, vários livros publicados pela Papirus e por outras editoras.

Sua obra educativa é ampla. Ela é filiada à linha de pesquisa Formação de Professores, Currículo e Avaliação e tem voltado seus estudos e suas pesquisas para as seguintes temáticas: didática; projeto político-pedagógico; educação básica; educação superior; formação de professores; profissionalização docente; inovação pedagógica e docência universitária.

Não é muito fácil resumir, mas é possível depreender dessa produção uma trajetória solidária, o que revela amadurecimento intelectual próprio e compartilhado entre os seus pares, colaboradores e orientandos. Ela é uma referência nossa. Ela integra atualmente o grupo dos fundadores da Rede Inter-regional Norte, Nordeste e Centro-Oeste sobre Formação Docente para a Educação Básica e Superior (Rides), que já conta com seu regimento e que tem entre os seus objetivos: contribuir com estudos e resultados de pesquisas realizadas para a formação e a implantação de políticas públicas, diretrizes e ações voltadas para a formação do desenvolvimento profissional docente para a educação superior e a articulação e parceria com outras instituições para promover eventos científicos.

A professora Ilma é uma mulher que abre portas! Seria uma metáfora apropriada para o texto, e criou oportunidades de inserção no mundo acadêmico para muitos pesquisadores. Bem como despendeu esforços para integrar pesquisadores mais experientes. É impressionante seu vigor físico e mental.

Dona de uma lucidez espetacular e de uma mentalidade na qual habita a sementeira de ideias que se renovam diariamente. Uma mulher do tempo presente que se apropria das experiências do passado para projetar o futuro próximo. Uma mulher preocupada com a formação científica, acadêmica, profissional e cultural dos professores. Uma militante elegante e afetiva que exemplifica uma mulher forte, desbravadora e que sabe lutar por seus ideais e em uma sociedade classista e competitiva, machista e excludente.

É importante registrar que este é o primeiro título dessa natureza concedido ao corpo docente da Faculdade de Educação da

Universidade de Brasília. E a mulher, professora Ilma já recebeu outras condecorações. Em 1963, professora pela sua trajetória profissional, recebeu condecoração pela Secretaria Estadual de Educação e Cultura de Goiás. Em 1980, foi conferida pelo Ministério da Educação, a medalha de Honra ao Mérito Nilo Peçanha. Na década de 2000, recebeu o diploma de Honra ao Mérito da Assembleia Legislativa do Distrito Federal. E, posteriormente, Prêmio Mérito Grandes Educadores Projeção, concedido, em 2018, pelo UniProjeção.

Foi nomeada pelo Governo do Estado de Goiás para o cargo de professora primária, como prêmio para as três primeiras alunas no Curso Normal do Instituto de Educação de Goiás em 1957. Quando me falou disso um dia, ela me perguntou: "(...) não sei se foi um prêmio, o que você acha? Porque ainda estamos brigando tanto pelas condições de trabalho, salários, coisas óbvias. Ainda lutamos por uma profissionalização". E eu não me esqueci disso.

Conviver com a professora Ilma é uma experiência ímpar que nos possibilita crescimento mútuo por sua generosidade e capacidade de aglutinar pessoas em torno das questões educacionais emergentes. E finalmente, quero aqui registrar meu agradecimento pela oportunidade de compartilhar do seu cotidiano acadêmico e parabenizá-la por esta conquista muito merecida. Muito obrigada!

3
CONTRIBUIÇÕES DE ILMA PASSOS ALENCASTRO VEIGA PARA A DIDÁTICA, A PEDAGOGIA E A EDUCAÇÃO: ESBOÇO DE UM PERFIL

José Carlos Souza Araujo

Introdução

Em vista de uma necessária delimitação temática que cobre esta coletânea, serão levadas em conta as contribuições que tenham a forma de um leque aberto, sempre que se interpõe um conjunto de produções bibliográficas, como é o caso de Ilma. Certamente, a educação, a pedagogia e a didática guardam entre si relações estreitas no campo educacional, uma vez que a última se inscreve como teoria do ensino (didática), que pretende conduzir o processo educativo (pedagogia), em vista de uma prática social superiormente elaborada (educação), prática esta norteada pela Lei de Diretrizes e Bases da Educação (Brasil 1996):

> Art. 2º. A educação, dever da família e do Estado, inspirada nos princípios de liberdade e nos ideais de solidariedade humana, tem por finalidade o pleno desenvolvimento do educando, seu preparo

para o exercício da cidadania e sua qualificação para o trabalho e à prática social.

Se perfil também significa "delineamento de um rosto visto de lado" (Houaiss 2001), a contribuição deste capítulo tem por objeto delinear tal perfil em vista da didática, centrada na metodização (essa implica ordenação, sistematização), na tecnicidade do ensino e na tecnologia pedagógica, por intermédio de várias obras suas, referentes à organização do trabalho didático, mas não despreocupada com a organização do trabalho pedagógico, centrado este na condução do processo educativo-escolar, e aquele destinado a nortear o ensino. Em vista da extensão, o foco primordial recairá sobre a tecnicidade do ensino.

Repensando a didática veio a público em 1988 sob a coordenação de Ilma Passos Alencastro Veiga. Como esclarece sua "Apresentação" (1988, pp. 7-11), resulta de um projeto discutido em maio de 1987 por ocasião da X Reunião Anual da Associação Nacional de Pesquisa e Pós-graduação em Educação ocorrida em Salvador, na Bahia. Tinha "a proposição básica de repensar o papel da Didática na formação de professores de 1º e 2º graus" (Veiga 1988, p. 7). O ano de 1988 é o de seu doutoramento em Educação.

É integrante da referida "Apresentação" a perspectiva de "contribuir para a ampliação e aprofundamento das reflexões já realizadas e estimular a busca de uma proposta didática voltada para a efetivação da prática pedagógica crítica" (*ibidem*). Integravam tal coletânea "nove professores de Didática de universidades do Piauí, Brasília, Minas Gerais, São Paulo e do Rio Grande do Sul, todos com experiência de ensino em escolas de 1º e 2º graus de periferia urbana e zona rural" (*ibidem*).

A referida composição dos participantes da coletânea impôs a si mesma compromissos de análise dos textos e de elaboração de pareceres a respeito deles, reuniões em Uberlândia e em Campinas, além de correspondências postais e telefonemas. Ainda não fazia parte das interlocuções acadêmicas a internet, cujo acesso se deu em meados de 1990.

Confessa Ilma: "A caminhada em direção aos objetivos não foi fácil, principalmente pela impossibilidade de encontros com todos os colaboradores envolvidos no processo de elaboração do livro" (*ibidem*, p. 8). Estavam em jogo apreciações e reformulações dos capítulos, não relacionados às técnicas de ensino, e sim à didática. Foi sua primeira obra:

QUADRO 1: TEMAS DE *REPENSANDO A DIDÁTICA*

Temas
Didática: Suas relações, seus pressupostos
Didática: Uma retrospectiva histórica
Planejamento do ensino numa perspectiva crítica de educação
Os objetivos da educação
Conteúdos escolares: A quem compete a seleção e organização?
A questão da metodologia do ensino na didática escolar
Na dinâmica interna da sala de aula: O livro didático
Avaliação da aprendizagem
A relação professor-aluno

Elaborado pelo autor.

Depois de uma apresentação de tais temas e de seus autores, Ilma Veiga (1988) tornou explícitas aspirações pedagógicas e didáticas, aguardando que o acolhimento crítico da obra pudesse promover a democratização da educação: "caminhar em direção de uma proposta democrática de educação e, mais especificamente, de uma didática mais comprometida com a formação de professores" (*ibidem*, p. 11). Era então verão de 1988, projeto este iniciado em maio de 1987, como já se explicitou anteriormente.

Em linhas gerais,

> Uma particularidade da década de 1980 foi precisamente a busca de teorias que não apenas se constituíssem como alternativas à pedagogia oficial, mas que a ela se contrapusessem. Eis o problema que emergiu naquele momento: a necessidade de se construírem pedagogias contra-hegemônicas, isto é, que em lugar de servir aos

interesses dominantes se articulassem com os interesses dominados. (Saviani 2007, p. 402)

Somadas a essa articulação, Ande, Anped e Cedes constituíram associadamente a realização das Conferências Nacionais de Educação (CBEs) em número de seis: 1980, 1982, 1984, 1986, 1988 e 1991. Porém, desde a segunda metade dos anos 1980, ocorre uma inflexão em relação às pedagogias contra-hegemônicas (Saviani 2007): figuradamente, uma entonação, pois se tratava de ir às práticas, ou melhor teorizar para as práticas, como defendia Ilma. O tecnicismo pedagógico, vigente entre fim dos anos 1960 e dos anos 1970, já havia mitigado como referência da didática e da pedagogia.

À primeira vista, pode a técnica de ensino ser concebida como algo secundário, porém ela é, desde que associada ao método e às tecnologias pedagógicas, a que viabiliza o ensino, tornando-o realizável, exequível, viável. Na verdade, os métodos, as técnicas e as tecnologias pedagógicas operacionalizam o processo de ensino-aprendizagem, fazendo com que suas dimensões estejam associadas ao conteúdo e aos objetivos de ensino. Trata-se, por conseguinte, de uma rede relações que abarcam o quê, como e para que ensinar.

Sob esse ângulo, mas privilegiando a tecnicidade, parece ser significativo compreender que a técnica de ensino

> supõe de um lado um fim que não pode senão exprimir um desejo humano; e, por outro lado, um conjunto de meios capazes de procurar uma certa eficiência. Porém, enquanto a técnica industrial se centra na matéria, o educador se esforça por flexibilizar e modelar uma matéria humana. (...) o ser humano é ao mesmo tempo o fim e o meio de educação. (...) O homem é o objeto comum de uma teleologia e de uma metodologia educativas. (Ulmann 1987, p. 8)

Consequentemente, à técnica de ensino pode-se atribuir duas qualidades, como se observou anteriormente: expressão de um desejo humano que se traduz por uma teleologia e busca de eficiência pelo âmbito da metodologia educativa.

Podemos traduzir essas reflexões filosófico-educacionais por meio de um lúcido trecho de Platão a respeito da significação da tecnicidade do ensino:

> quem desejar adquirir capacidade seja no que for, deve começar desde criança, tanto nos brinquedos como em ocupações sérias e em tudo o que se relacionar com esse objetivo. Assim o menino que aspirar a ser de futuro um bom lavrador, ou um construtor capaz, devera ocupar-se com brinquedos relacionados com a construção de castelos de crianças, e, no caso do lavrador, com trabalhos na terra, devendo os respectivos educadores fornecer a cada um deles pequenos instrumentos de trabalho, feitos sob o modelo dos verdadeiros, e providenciar para que eles aprendam com antecedência tudo o que precisarão saber. Desse modo, brincando, aprenderá o futuro construtor a medir e a usar a trena; o guerreiro, a cavalgar e a fazer qualquer outro exercício, devendo o educador esforçar-se por dirigir os prazeres e os gostos das crianças na direção que lhes permita alcançar a meta a que se destinarem. (Platão 1980, p. 643c)

Tal reflexão de Platão é singular e significativa: apresenta, em suas linhas, método, técnica e tecnologia pedagógica interligadas para o ensino da criança. Tal trecho parece ser uma previsão do futuro. É por seu intermédio que estão em perspectiva uma teleologia educativa e a eficiência no âmbito do processo de ensino-aprendizagem que tivesse por projeto uma dimensão pedagógica em vista da educação.

As técnicas de ensino em coletâneas, uma iniciativa ímpar

Tendo em vista contribuir para a compreensão da tecnicidade no âmbito da produção bibliográfica de Ilma, apresenta-se a seguir um quadro sinótico das obras que envolvem as técnicas de ensino, as quais estão arroladas por meio de seis diferentes publicações entre 1991 e 2020.

QUADRO 2: COLETÂNEAS ORGANIZADAS SOBRE TÉCNICAS DE ENSINO

VEIGA 1991	VEIGA 2006	VEIGA e MARTINEZ 2008[1]	VEIGA 2013	VEIGA, 2017	VEIGA e FERNANDES 2020[2]
Títulos das coletâneas sobre técnicas de ensino					
Técnicas de ensino: Por que não?	*Técnicas de ensino: Novos tempos, novas configurações*	*Aula: Gênese, dimensões, princípios e práticas*	*Novas tramas para as técnicas de ensino e de estudo*	*Metodologia participativa e as técnicas de ensino-aprendizagem*	*Por uma didática da educação superior*
Técnicas de ensino contempladas pelas coletâneas					
Aula expositiva	Do quadro-negro à lousa virtual: Técnica, tecnologia e tecnicismo	A aula como expressão da prática pedagógica	Mapas conceituais	Júri simulado	Sobre a didática da educação superior e o lugar das técnicas de ensino-aprendizagem
Estudo de texto	Trabalho de grupo	Aula virtual e presencial: são rivais?	O ensino por meio da resolução de problemas	Painel integrado	Aula invertida
Estudo dirigido	Projeto de ação didática	A aula em espaços não convencionais	Aprendizagem baseada em problemas	Diário de bordo	A técnica de formação docente *lesson study*

1. Foram colhidos apenas os capítulos vinculados às técnicas de ensino e às tecnologias pedagógicas. Estas, na verdade, distinguem-se por seu caráter de servir como molde ao ensino, no sentido de modelar e conformar o processo de ensino, compartilhando com as técnicas e os métodos sua compleição operacional. A tecnologia configura-se a partir de sua vitória sobre processos mecânicos e repetitivos, por exemplo, presentes na utilização do quadro-negro, substituído pelo *data show*, ainda que parcialmente, mediador do PowerPoint. Eis uma tecnologia vigente.
2. Foram colhidos apenas os capítulos vinculados às técnicas de ensino e às tecnologias pedagógicas.

Discussão e debate	O módulo didático: Uma tecnologia para a EAD	Organização didática da aula: Um projeto colaborativo de ação imediata	Casos de ensino e estudos de caso	Grupo tutorial	Instrução por pares (*peer instruction*)
Seminário	Unidade didática	–	Técnicas de estudo para além da dimensão do fazer	Aprendizagem baseada em equipes	Coreografia didática na educação superior
Estudo do meio	As narrativas como processo de formação	–	–	Roda de conversa	Tecnologias digitais de informação e comunicação
Demonstração didática	Metodologia de aprendizagem baseada em problemas	–	–	Análise e síntese	Realidade aumentada e leitura
–	–	–	–	Oficinas pedagógicas	–
–	–	–	–	Ensino e aprendizagem por investigação	–
–	–	–	–	Protocolo de experimento (atividades laboratoriais)	–

Elaborado pelo autor.

Para facilitar a abordagem de cada uma das obras, serão tomados como objetos as apresentações e os prefácios às coletâneas. Tal foco será cronologicamente disposto como se encontra no Quadro 2.

Técnicas de ensino: Por que não?, uma coletânea que veio a público em 1991, ocupa-se com uma definição – etimologicamente, *ação de definir limite ou fim* – de técnica de ensino. Explicita que esta significa arte, habilidade (Veiga 1991, p. 8), o que leva ao delineamento como conjunto de processos de uma arte, o que a protagoniza como atividade prática, diferentemente da arte de compreender. Ao problematizar a dimensão técnica do ensino, assume-a como artifício, mas não mecânico, sob a intencionalidade e a responsabilidade do professor.

> Desde Bacon [1561-1626] que afirmara que a natureza está a serviço do homem, ou desde Comênio [1592-1670] que defendera que "(...) outra coisa não exige a arte de ensinar do que uma engenhosa distribuição do tempo, dos objetos e do método", as técnicas de ensino, mais do que nunca, se incorporam à teorização educacional. (Veiga 1991, p. 8)

Salvaguarde-se que "determinadas técnicas de ensino evidentemente têm implicações histórico-conceituais mais comprometidas com a 'descentração' do homem. No entanto, eficácia, rendimento, eficiência e quejandos devem estar em nosso horizonte pedagógico" (Veiga 1991, p. 9), mas não a ponto de imobilizar o processo pedagógico. Tal posicionamento manifestava recusa ao tecnicismo pedagógico vigente do final dos anos 1960 ao final dos anos 1970. *Técnicas de ensino: Por que não?* (1991) sinalizava a defesa das técnicas de ensino, sem o arcabouço tecnicista. Essa foi a razão do título da obra.

Técnicas de ensino: Novos tempos, novas configurações, uma coletânea de 2006, singulariza-se por uma "Apresentação" (Veiga 2006, pp. 7-12) relacionada também a algumas reflexões sobre as técnicas de ensino.

> Minha preocupação é a de superar o conceito de técnica de ensino que procura ora sobrelevá-la, ora reduzi-la ou mesmo negá-la. É preciso ficar claro que a técnica de ensino pode cumprir o papel de dominação, mas, ao contrário, pode ser vista como instrumento de emancipação, de diálogo e de fortalecimento de competências sócio-afetivas e cognitivas complexas. Ela pode, portanto, ser repensada em conformidade a um outro método ou a um outro ideário pedagógico. (*Ibidem*, pp. 7-8)

As técnicas de ensino são instrumentais, enquanto medeiam as relações entre alunos e professores, mas não são suficientes para o estabelecimento do processo didático. As técnicas de ensino são permeadas pela intencionalidade do professor, por meio da qual se artificializa o processo de ensino, desnaturando-o. Assim sendo, as técnicas educativas não definem os ideais educativos, pelo contrário, estes assumem as técnicas como viabilizadoras deles (*ibidem*, p. 8).

Também a referida "Apresentação" destaca o papel das técnicas de ensino como promotoras da participação, da colaboração, da responsabilidade e da autonomia:

> Vistas dessa maneira, as técnicas de ensino, quando empregadas numa situação de relação aberta entre professor e aluno, e entre aluno e aluno, permeadas pela intencionalidade, deixando de dar ênfase à ação docente para propiciar a participação do aluno, constituem um espaço pedagógico favorável ao desenvolvimento de atitudes de colaboração, responsabilidade e autonomia, bem como de habilidades intelectuais mais complexas. (*Ibidem*, p. 9)

Na verdade, as técnicas de ensino e as tecnologias pedagógicas são reconhecíveis como interventoras com a prospectiva de construir a formação humana em termos escolares. Não se pode ocultar que a escola guarda relações com a cultura e com a civilização. O projeto civilizatório explicita-se, pela escola, mesmo em países com índices significativos de analfabetismo, quando este se faz presente mesmo com o processo de escolarização.

Ainda abusando da memória pessoal, *Técnicas de ensino: Por que não?* também faz parte de sua sintonia intuitiva: a crítica ao tecnicismo pedagógico ao final dos anos 1970 promoveu, paulatinamente, o desvencilhar-se de seus fundamentos – conjugados pelo taylorismo, teoria sistêmica, cibernética, neopositivismo e behaviorismo –, porém as técnicas de ensino e as tecnologias educativas, que conformavam os métodos tradicional, intuitivo e ativo, tinham sido como que descartadas ou, no mínimo, postas à parte ou ainda secundarizadas.

O *por que não?* do *Técnicas de ensino* era um convite a retomá-las, um sentido buscado e conquistado, uma vez que se encontrava em sua 21ª edição em 2011. A perspectiva crítica em vista era concebida como parte da teorização pedagógica que visa orientar a atividade educativa, com certeza a partir de uma concepção filosófica (de natureza ética, antropológica, política).

Aula: Gênese, dimensões, princípios e práticas, em 1ª edição de 2008, não é propriamente uma coletânea sobre técnicas de ensino, uma vez que, dentre seus dez capítulos, apenas quatro estão dedicados às práticas (Veiga 2008, p. 6). Sua "Apresentação" (*ibidem*, pp. 7-12) traz esclarecimentos a respeito das motivações das publicações:

> Os livros não nascem por acaso nem de repente. Existem motivações que estimulam sua elaboração. A primeira motivação que impulsionou a construção desta obra foram os resultados parciais da pesquisa "O papel da didática na formação do professor da educação básica e superior". Os achados da pesquisa nortearam a definição dos eixos estruturantes deste livro. Assim, os indícios da inovação edificante da didática, encontrados no decorrer da investigação, apontam para as seguintes evidências. (*Ibidem*, p. 7)

Tais evidências, em número de cinco, envolvem quatro aspectos a respeito da aula:

- "visão contextualizada e multidimensional do processo didático e, consequentemente, da aula";
- "importância da aula como expressão da prática pedagógica";
- "compromisso com o desenvolvimento da aula em diferentes espaços não convencionais e o emprego das tecnologias da informação e da comunicação";
- "fortalecimento das relações entre projeto político-pedagógico da instituição educativa, da organização didática da aula e da participação do professor e dos alunos" (*ibidem*).

Nesse sentido, eis os motivos pelos quais a aula ganhou centralidade nesse processo como atividade de comunicação:

> A aula é um projeto de construção colaborativa entre professor e alunos. Envolve o pensar a docência e o agir, mas também implica desvelar o novo e enfrentar o imprevisto. A aula é um ato técnico-político, criativo, expressão da beleza e dos valores científicos e éticos do professor e dos alunos. É espaço de múltiplas relações e interações. Enfim, a aula é espaço da formação humana e da produção cultural. (*Ibidem*, pp. 8-9)

Depois de esclarecer o conteúdo dos três primeiros eixos (gênese da aula, a aula e suas dimensões, princípios fundantes da aula), por meio da apresentação dos sete capítulos que os compõem, elucida os conteúdos denominados *práticas*, constante de quatro capítulos: "A aula como expressão da prática pedagógica"; "A aula virtual e presencial: São rivais?"; "A aula em espaços não convencionais" e "Organização didática da aula: Um projeto colaborativo de ação imediata".

Como se observa pelos títulos, tais capítulos não se referem propriamente às técnicas de ensino ou às tecnologias pedagógicas, embora se disponham a tratar das práticas, o que implica dimensionar a aula como uma concreta atividade de comunicação, ancorada pelo método, pela técnica e pela tecnologia.

Novas tramas para as técnicas de ensino e de estudo, uma publicação de 2013, é uma coletânea prefaciada por Cleoni Maria Barboza Fernandes. Reflete ela que "Vivemos esses momentos de intenso debate (...) como se fosse possível isolar a *técnica* da condição do ser humano, na medida em que a técnica foi o modo humano de produção da vida para enfrentar as contradições entre o homem e a realidade objetiva" (Fernandes 2013, p. 8).

Ao refletir sobre o conjunto da coletânea, expressa a prefaciadora que

> a *recompensa* [da mesma] é uma compreensão tecida com base em outra referência teórica, enraizada na perspectiva da educação histórico-crítica, para entender as técnicas de ensino como meios de produção socialmente elaborados e, também, como possibilidades de diálogo humano e epistemológico, situadas nas condições concretas que a realidade sociocultural em suas finalidades ético-existenciais exige. (Fernandes 2013, p. 8)

Destaca ainda que o foco das técnicas de ensino em tal coletânea ressoa "um processo intencional e crítico de superação do tecnicismo, do pragmatismo, da negação das técnicas e do *voluntarismo presentista* das condições cotidianas nos processos de ensinar e de aprender" (*ibidem*, p. 9).

Metodologia participativa e as técnicas de ensino-aprendizagem é uma coletânea de 2017, prefaciada por Andréa Maturano Longarezi e Roberto Valdés Puentes. A obra é composta de 11 capítulos, escritos por 18 autores. Na visão dos prefaciadores, "O intuito da obra não é o de apresentar um receituário de técnicas, mas o de discutir e problematizar as diferentes contribuições e os respectivos impactos dessas técnicas no contexto da aula, na atividade pedagógica" (Longarezi e Puentes 2017, p. 7).

Por isso, ao ver dos referidos prefaciadores,

> representa um importante registro que poderá ser objeto de estudos e consultas para ações de pesquisa e práticas pedagógicas, compreendendo as diferentes propostas que são aqui apresentadas e analisadas, a partir do eixo epistemológico na qual se localizam, com fundamentos teóricos e práticos que contextualizam as ações didáticas em proposição. (*Ibidem*)

Ainda caracteriza a obra a opção de seus autores pela metodologia participativa, "colaborativa, construtiva e coletiva em volta de um projeto pedagógico que tem como alicerce a resolução de problemas complexos e antenados com o cotidiano dos professores" (*ibidem*).

Por uma didática da educação superior, organizada por Ilma Veiga e Rosana Fernandes (2020), também não privilegia somente as técnicas de ensino. A obra é prefaciada por José Carlos Libâneo (2020, pp. IX-XV). Vejamos o depoimento sobre a Ilma:

> Ao ensejo da publicação deste livro, quero ressaltar o vigor de Ilma Passos Alencastro Veiga, sua energia e produtividade inesgotáveis, seja como professora, pesquisadora e divulgadora científica. Como professora universitária e pesquisadora sempre envolvida com a didática ao longo de frutíferos cinquenta anos, lecionou em várias instituições de ensino superior e foi visitante em dois importantes programas de pós-graduação do país, levando seu trabalho, suas orientações, sua disposição para colaborar e sua assertividade, ajudando grupos de pesquisa, orientandos e estudantes. (Libâneo 2020, p. IX)

Por uma didática da educação superior traz à baila sete temas: sobre a didática da educação superior e o lugar das técnicas de ensino-aprendizagem; aula invertida; a técnica de formação docente *lesson study*; instrução por pares (*peer instruction*); coreografia didática na educação superior; tecnologias digitais de informação e comunicação; realidade aumentada e leitura.

Aspectos de sua trajetória

Em linhas gerais, poderia se dizer que, pessoalmente, mantive muita interlocução com a Ilma, desde o início dos anos de 1980, interlocução que se mantém até os dias de hoje, mesmo depois de sua ida para a UnB, em 1989. Suas preocupações na área da educação sempre estiveram centradas em torno da didática, do ensino-aprendizagem, da metodologia da educação superior, da avaliação da aprendizagem, do currículo e da formação do professor.

Pessoalmente, ainda salientaria que a nossa interlocução, em termos de publicação, se inicia pela obra, por ela organizada, *Técnicas de ensino: Por que não?* (publicada pela Papirus em 1991), objeto que ocupou alguns livros organizados desde então, dos quais participei como coautor; tais participações também foram responsáveis pela minha inserção na área da educação, em particular no campo da didática e da pedagogia. Aliás, esta é uma característica peculiar à Ilma, a de somar-se aos outros, ou seja, de reuni-los, tendo em vista esforços em torno de uma causa comum, a da vida acadêmica e da ciência, mas também da inseparável amizade.

Como destaca Libâneo (2020, p. X): "Ilma tem um lugar reservado entre pesquisadores dedicados à atividade de comunicação científica ao reunir nas publicações que organiza a produção acadêmica de seus pares e destiná-las aos formadores de professores, aos professores e aos pesquisadores".

Destacaria, em termos de contribuição, a organização de livros destinados ao campo da didática, e que envolveu inúmeros coautores, tais como: *Formação médica: Aprendizagem baseada em problemas* (Papirus, 2015), *Desenvolvimento profissional docente: Currículo, docência e avaliação na educação superior* (Universitária UFPE, 2013), *Universidade e desenvolvimento profissional docente: Propostas e debates* (Junqueira & Marin, 2012), *Didática entre o pensar, o dizer e o vivenciar* (UEPG, 2012), *Didática e docência na educação superior* (Papirus, 2012), *Docência universitária: Saberes e práticas em construção* (IFPA/Unama, 2011), *Docentes universitários aposentados: Ativos ou inativos?* (Junqueira & Marin, 2007), *Licenciatura em Pedagogia* (2ª ed., Papirus, 1997). Deixaria ainda assinalada a publicação de inúmeros capítulos, em muitas outras obras do campo educacional, em particular em torno da didática, do ensino-aprendizagem, da metodologia da educação superior, da avaliação da aprendizagem, do currículo, da formação do professor, temas já mencionados inicialmente.

Em tais obras, uma marca indelével da professora doutora Ilma é a sua capacidade de articulação e de diálogo em torno de posições relativas ao campo da didática e da pedagogia de um modo geral, sobretudo por meio do resgate de metodologias de ensino e de métodos e técnicas de ensino sob o olhar histórico-crítico.

Sua perseverança teórico-educativa em dar direção à didática se faz a partir de uma orientação política que se sustenta por conteúdos cognitivos, cuja centralidade, do ponto de vista metodológico, se inicia e finaliza na prática social, a qual atribui ao professor um significativo lugar, para não dizer central.

Tal encaminhamento se faz presente nas obras organizadas por ela, referidas na página anterior. E uma de suas marcas é a coerência pessoal, bem como a cobrança da mesma coerência, em termos de referencial teórico, para com os autores envolvidos nas obras organizadas.

Com relação às obras de sua autoria, a mesma dimensão se faz presente com muita coerência, como ela mesma registrou em seu discurso proferido por ocasião da outorga do título de professora emérita, no dia 15 de março de 2010, pela UnB:

> Na verdade, na fase de experimentação, de diversificação e consolidação, minha reflexão girava em torno da proposta da educação histórico-crítica vigente, fortalecida pelas leituras e discussões desencadeadas no programa de doutorado em Metodologia de Ensino, na Universidade Estadual de Campinas, como uma forma de melhorar as expectativas e enfrentar a diversidade da ação educativa. Meu compromisso fundamental buscava assegurar a apropriação crítica dos conhecimentos historicamente produzidos pela humanidade. (Veiga 2010, p. 186)

Por essa ótica, eis uma expressão teórica e estética do ser professora, e que considera o real e o possível, os espaços de experiências e o horizonte de expectativas:

> A dimensão histórico-crítica situa a compreensão de ser professora a partir do contexto histórico. A identidade profissional é atravessada não só pelas relações históricas e sociais, mas também pela ética. Compreendi que a dimensão histórico-crítica da identidade profissional contribui para reduzir o choque com a distância entre minhas expectativas de trabalho e as condições reais e objetivas da profissão docente. Ao procurar SER PROFESSORA, na conexão

> entre SER PESSOA e ESTAR PROFESSORA permeada pela relação com o mundo social, a história e a minha própria história, é que foi possível incluir mais um elemento na identidade profissional. A dimensão histórico-crítica atribui à natureza da profissão docente a qualidade de uma atividade pública a serviço dos interesses gerais da sociedade e dos valores éticos que a orientam. Nesse sentido, é necessário respeitar ao longo do processo as regras do direito e da ética. (Veiga 2010, pp. 189-190)

Com relação aos projetos de pesquisa que sempre envolveram e envolvem a docência na educação superior desde 1995, pela ordem decrescente, registram-se os seguintes títulos:

- "Aprendizagem baseada em problemas (*problems based learning* – PBL): Alternativa pedagógica para construção e desenvolvimento do currículo e da docência na educação superior, na área de saúde" (em andamento desde 2012);
- "Desvelando a docência na educação superior: Um estudo exploratório nas regiões Norte, Nordeste e Centro-Oeste" (2012-2015);
- "Docência na educação superior e desenvolvimento profissional" (2009-2012);
- "A didática e a formação de professores para educação básica e superior" (2006-2009);
- "Docência universitária aposentados: Ativos ou inativos?" (2005-2007);
- "Docência universitária e desenvolvimento profissional" (2002-2005);
- "Profissionalização do magistério: Um projeto ético-político" (2000-2002);
- "Formação de profissionais da educação e inovação pedagógica" (1998-2001);
- "Inovação: A aula universitária na UFPel" (1995-1997).

Para além da descrição, ressalte-se que a coordenação e o desenvolvimento de projetos de pesquisa implicam articulações de variadas ordens: pessoal, grupos envolvidos, instituições, reuniões, leituras, planejamento, escrita, avaliação etc.

Em termos de produção bibliográfica e hipertextual, seu currículo registra 21 artigos, 20 livros publicados/organizados, 52 capítulos de livro e 97 trabalhos completos. Essa é uma tarefa muito significativa na carreira de um pesquisador/docente/orientador/administrador.

Para além dos números de cada modalidade de produção, faz-se presente o exercício de tais atividades que, na verdade, se somam e se fomentam, porém a produção bibliográfica/hipertextual é uma tarefa que tem uma especificidade ímpar, além de ser solitária. Mas, no caso da Ilma, é também uma tarefa solidária, dado o nível de sociabilidade que ela envolveu e envolve, uma vez que suas discussões estão sempre se produzindo em vista do escrever, ou, fazendo isso, põe em discussão tudo o que está produzindo.

Em termos de envolvimento com a carreira, registrem-se também as assessorias e as consultorias a diversos órgãos, a organização de eventos, a participação em bancas e as orientações concluídas, palestras. Mais do que trazer números, importa destacar, por esses diversos envolvimentos, a carreira construída, em particular a partir do doutoramento em 1988.

Tal carreira, calcada na socialização que seus inúmeros projetos envolveram e ainda envolvem, não é somente de caráter acadêmico, mas também é concernente às amizades que construiu e angariou. As reuniões de caráter acadêmico eram e são também sociais, ou vice-versa e, comumente, fundadas na mutualidade para com as pessoas envolvidas: tais reuniões foram e são buscadas por ela por meio do esforço pessoal em descobrir algo em comum para construir a solidariedade, uma qualidade educativa por excelência.

Nesse sentido, seriam incontáveis os autores que vieram a público através de sua marca pessoal, através das duas centenas de livros que compuseram a Coleção Magistério: Formação e Trabalho Pedagógico, desde a coletânea por ela organizada a partir de 1987, e publicada em

1988 – também o ano de seu doutoramento –, intitulada *Repensando a didática.*

Não é demais lembrar sua intuição, essa faculdade de perceber, discernir ou pressentir: naquela conjuntura, se é justo buscar na memória pessoal, conversávamos sobre a necessidade de tornar a pedagogia histórico-crítica mais prática, ou seja, cobrava ela a dimensão metódico-operacional, para fazê-la somar-se à dimensão teórica (seus fundamentos da educação já estavam dados, em linhas gerais, em 1987) da referida pedagogia.

Ao concluir, sua apresentação, reflete uma orientação teórica muito própria para compreender sua contribuição à didática:

> Com essas inquietações é que nos debruçamos sobre as técnicas de ensino, sempre resguardados pelo pensamento dominante de que as mesmas estivessem a serviço do homem. Determinadas técnicas de ensino evidentemente têm implicações histórico-conceituais mais comprometidas com a "des-centração" do homem. No entanto, eficácia, rendimento eficiência e quejandos devem estar em nosso horizonte pedagógico, mas não devem imobilizar o processo pedagógico, a ponto de realizar-se um ensino e uma aprendizagem sem seres humanos historicamente situados. (Veiga 2014, p. 9)

Para encerrar, Ilma refletia, em 2010, que o

> momento do desinvestimento profissional não ocorreu. (...) a fase final do ciclo de vida pessoal e profissional, na perspectiva de percurso harmonioso e sereno, ainda não se efetivou. Não encerrei a carreira. Prolongo e amplio minha permanência no mundo do trabalho. (Veiga 2010, p. 188)

Ainda em 2020, dez anos depois, publica *Por uma didática da educação superior*. Talvez suas reflexões de 2010 expliquem sua capacidade e coragem:

> minha identidade profissional é a capacidade de aprender para ensinar. Sob essa ótica, o balanço da minha vida pessoal e profissional começa

a ser mais realista. Minha identidade engloba um outro elemento: o forjado no tempo de ser professora militante na maturidade. (Veiga 2010, p. 188)

"Aprender para ensinar" também implica ensinar para aprender. Todo projeto educativo é também um projeto político, e isso está impresso em seu discurso de 2010:

> Não há como recuar quando as camadas mais pobres da população precisam de uma educação crítica e emancipatória e de qualidade para todos. Não há como desinvestir quando há a necessidade de formar professores militantes, capazes de educar crianças, jovens, adultos e idosos no bojo de uma educação democrática e cidadã. (Veiga 2010, p. 188)

Seu engajamento na escola em seus diversos níveis, por onde passou, serve como norteamento

> não apenas para reviver, lembrar, mas para reconstruir, repensar a trajetória pessoal e profissional nos tempos atuais. Não consigo prever com segurança o momento certo de desinvestir. Considero que ainda não estou na fase de forjar o desinvestimento total. Eu preciso reconfigurar, reinaugurar a vida pessoal e profissional, enriquecida com a experiência longa de cinquenta anos de exercício profissional. (Veiga 2010, pp. 190-191)

Tomara que tenhamos o seu investimento por muito tempo ainda, mesmo contando que já se passaram alguns anos desde 2010. Muito temos a aprender com ela para ensinar.

Referências bibliográficas

BRASIL (1996). Lei de Diretrizes e Bases da Educação Nacional, Lei n. 9.394, de 20 de dezembro de 1996. [Disponível na internet: http://www2.camara.leg.br/legin/fed/lei/1996/lei-9394-20-dezembro-1996-362578-normaatualizada-pl.html, acesso em 31/8/2021.]

FERNANDES, C.M.B. (2013) "Prefácio". *In*: VEIGA, I.P.A. (org.). *Novas tramas para as técnicas de ensino e estudo*. Campinas: Papirus, pp. 7-13.

HOUAISS, A. (2001). *Dicionário eletrônico Houaiss da língua portuguesa*. São Paulo: Objetiva.

LIBÂNEO, J.C. (2020). "Prefácio". *In*: VEIGA, I.P.A. e FERNANDES, R.C. de A. (orgs.). *Por uma didática da educação superior*. Campinas: Autores Associados, pp. IX-XV.

LONGAREZI, A.M. e PUENTES, R.V. (2017). "Prefácio". *In*: VEIGA. *Metodologia participativa e as técnicas de ensino-aprendizagem*. Curitiba: CRV, pp. 7-14.

PLATÃO (1980). *Diálogos: Leis e epínomis*. Belém: Universidade Federal do Pará.

SAVIANI, D. (2007). *História das ideias pedagógicas no Brasil*. Campinas: Autores Associados.

ULMANN, J. (1987). *La nature et l'éducation: L' idée de nature dans l'éducation physique et dans l'éducation morale*. Paris: Éditions Klincksieck.

VEIGA, I.P.A. (1991). "Apresentação". *In*: VEIGA, I.P.A. (org.). *Técnicas de ensino: Por que não?*. Campinas: Papirus, pp. 7-9.

_______ (2006). "Apresentação". *In*: VEIGA, I.P.A. (org.). *Técnicas de ensino: Novos tempos, novas configurações*. Campinas: Papirus, pp. 7-12.

_______ (2010). "Eu, professora: Uma narrativa autobiográfica". *Linhas Críticas*, Brasília, 16(30), pp. 183-192.

VEIGA, I.P.A. (coord.) (1988). *Repensando a didática*. Campinas: Papirus.

VEIGA, I.P.A. (org.) (2008). *Aula: Gênese, dimensões, princípios e práticas*. Campinas: Papirus.

_______ (2011). *Técnicas de ensino: Novos tempos, novas configurações*. 3ª ed. Campinas: Papirus.

_______ (2013). *Novas tramas para as técnicas de ensino e de estudo*. Campinas: Papirus.

_______ (2014). *Técnicas de ensino: Por que não?*. 21ª ed. 4ª reimp. Campinas: Papirus.

_______ (2017). *Metodologia participativa e as técnicas de ensino-aprendizagem*. Curitiba: CRV.

VEIGA, I.P.A. e FERNANDES, R.C. de A. (orgs.) (2020). *Por uma didática da educação superior*. Campinas: Autores Associados.

4
TRAVESSIA DE UMA EDUCADORA: LIÇÕES APRENDIDAS

Cleoni Maria Barboza Fernandes

Introdução

Prescindir da ESPERANÇA que se funda também na verdade como na qualidade ética da luta é negar a ela um de seus suportes fundamentais (...) enquanto necessidade ontológica, precisa de ancorar-se na prática. Enquanto necessidade ontológica, a esperança precisa da prática para tornar-se concretude histórica. É por isso que não há esperança na pura espera, nem tampouco se alcança o que se espera na espera pura, vira, assim, espera vã. Sem um mínimo de esperança não podemos sequer começar o embate mas sem o embate, a esperança, como necessidade ontológica, se desarvora, se desendereça e se torna desesperança que às vezes, se alonga em trágico desespero. Daí a precisão de uma certa educação da esperança. É que ela tem uma tal importância em nossa existência individual e social, que não devemos experimentá-la de forma errada, deixando que ela resvale para a desesperança e o desespero. Desesperança e desespero, consequência e razão de ser da inação ou do imobilismo. (...) Uma das tarefas do educador ou educadora progressista, através da análise política séria, e correta, é desvelar as possibilidades, não importam os obstáculos, para a esperança, sem a qual pouco podemos fazer porque dificilmente lutamos e quando lutamos, enquanto desesperançados ou desesperados, a nossa é uma luta suicida, é um corpo-a-corpo puramente vingativo. O que há, porém, de castigo (...) de punição na luta que fazemos movidos pela esperança, pelo fundamento ético-histórico de seu acerto, faz parte da natureza pedagógica do processo político de que a luta é expressão.

Paulo Freire (1992, pp. 10-11)

Ao receber o convite para escrever um texto para um livro-homenagem à professora Ilma Veiga, abordando sua contribuição para o ensino superior brasileiro, adentrei lentamente no portal do espaço-tempo vivido e do por viver.

Em primeiro lugar, situei-me nesse contexto em que estamos vivenciando um retrocesso histórico-político sem precedentes na história brasileira: despolitização da política; desintelectualização; privatização do espaço público; desqualificação da escola/universidade pública e dos/as professores/as; fortalecimento da violência simbólica e física contra a diversidade de gênero, etnia e cultura; aumento das desigualdades sociais, condições estas escancaradas e acirradas pela pandemia de Covid-19 que assola o mundo e o nosso país.

No Brasil, o negacionismo da ciência e a ausência de um projeto de justiça social demarcam uma ruptura com avanços democráticos conquistados coletivamente em movimentos histórico-políticos de vários segmentos sociais ao longo das últimas décadas.

Diante desse momento de perda de referências de direitos humanos de nossa humana condição, em que muitas vezes nos desesperançamos, um movimento ético e solidário nos desafia a manter acesa a chama de humanos valores de solidariedade e de gratidão – como um reconhecimento de um bem recebido, no caso a partilha de afeto e de conhecimento ao longo de sua travessia como professora e colega no fortalecimento do campo de estudo e de pesquisa da didática no ensino superior.

Amparada por esta proposta, tanto em relação ao gesto de humana condição de nossa humanidade em tempos de individualismo exacerbado, quanto em tempos para discutir a didática de cursos de Pedagogia e suas relações com as didáticas específicas de outros campos disciplinares.

Mobilizada pelos valores e pelas ideias dessa proposta, esperançada de esperança freiriana, destaco a importância desse movimento para nós, professores e professoras, especialmente do campo da didática de cursos de licenciatura, quanto à formação pedagógica que tende a ficar relegada a um apêndice curricular. Trata-se de esperança como necessidade ontológica, ancorada na prática cotidiana de sala de aula para tornar-se concretude histórica.

Ao retomar a produção da professora Ilma, ratifiquei, na historicidade de sua história de professora/pesquisadora, a profundidade de sua obra e a disponibilidade para aglomerar conhecimentos e afetos com diferentes autorias de diferentes lugares, trazendo à tona desafios e possibilidades partilhados com sua coragem e competência humana e profissional. E que abrem espaços para outros/as companheiros/as divulgarem sua produção.

Caminhos e caminhantes

Entre os caminhos e os caminhantes, situo minha travessia de professora de Didática e as aprendizagens feitas desde a década de 1980 com o encontro em Salvador, na Bahia, na X Reunião Anual da Associação Nacional de Pesquisa e Pós-graduação em Educação. Desse encontro *nasceu* o livro *Repensando a didática*, no qual destaco, dentre os vários temas orientadores, a referência de uma prática pedagógica crítica, para além da instrumentalização isolada de um contexto sócio-histórico e político.

Como caminhante no percurso de professora de Didática, acompanhei a produção e convivi com a professora Ilma em vários eventos, sempre entranhados de reflexões fundantes para o crescimento de minha profissionalidade e também do fortalecimento do campo de estudos e de pesquisas da didática e sua divulgação científica.

Selecionei seis obras que constituem referências básicas guardadas no lado esquerdo do peito e que são pilares de sustentação de minhas aprendizagens e questionamentos:

- *Repensando a didática*
- *Didática: O ensino e suas relações*
- *Projeto político-pedagógico da escola: Uma construção possível*
- *As dimensões do projeto político-pedagógico*
- *Aula: Gênese, dimensões, princípios e práticas*
- *Novas tramas para as técnicas de ensino e estudo*

De posse das leituras sempre retomadas, apresento algumas considerações sobre o impacto dessas leituras/desses estudos na minha formação de formadora de professores/as, fazendo destaques para concepções e possibilidades de:

Repensando a didática

Destaque para o capítulo "Didática: Uma retrospectiva histórica". Leitura essencial para compreensão do campo em seus aspectos socioeconômicos, políticos e educacionais que nos permite entender a natureza dos processos pedagógicos em seus movimentos de constituição de um campo científico, com seus avanços e impasses, e na criação de uma cultura de um planejamento em aberto, de fundamentação de procedimentos pedagógicos para além da reprodução, trabalhando com a complexidade, a complementaridade e a inter e multidisciplinaridade, entre outras possibilidades.

Projeto político-pedagógico da escola: Uma construção possível

Destaque para o capítulo "Projeto político-pedagógico da escola: Uma construção coletiva". Ao compreender a escola como um lugar de concepção, realização e avaliação de seu projeto educativo, para organização de um trabalho pedagógico fundado em sua comunidade de alunos, apresenta a necessidade de princípios orientadores para organização e desenvolvimento do trabalho na construção de um projeto político-pedagógico coletivo em aberto, sem a rigidez de procedimentos balizados pelo planejado, mas como um processo de leitura de realidade permanente para mudanças necessárias, esclarecendo que coletivo não se restringe a espaços e ideias herméticas, e sim à construção do que é comum para pessoas, ideias e espaços, o que significa transparência de decisões e acolhimento à diferença como possibilidade de discussão argumentada.

Aula: Gênese, dimensões, princípios e práticas

Destaque para o capítulo "À procura da senha da vida – De-senha a aula dialógica?". A concepção que sustenta essa aula é a ideia de uma *teia de relações*, um espaço-tempo privilegiado de comunicação didática – comunicação multidimensional e pluriepistêmica – por onde transitam diferentes concepções e histórias de aprender e de ensinar, constituindo um território demarcado por conflitos, encontros e desencontros e possibilidade de construir a capacidade humana, mediada por relações dialógicas entre professores e alunos, em que a parceria é fundamental, o que não exclui do professor a responsabilidade de direção do processo de ensinar e aprender, nem exime o aluno da responsabilidade de ultrapassar os limites de sua prática.

Novas tramas para as técnicas de ensino e estudo

Destaque para o "Prefácio". Discute as técnicas de ensino como meios de produção socialmente elaborados e, também, como possibilidades de diálogo humano e epistemológico, situadas nas condições concretas que a realidade sociocultural em suas finalidades ético-existenciais exige. As técnicas de ensino trabalhadas na complexidade da prática pedagógica como prática social tendem a uma relação pedagógica crítica entre professor e alunos e pode favorecer a autonomia e o espírito coletivo, desenvolvendo habilidades intelectuais mais complexas. O conceito original de *tekné* não dicotomiza o pensar e o fazer, trabalhando ao mesmo tempo com arte e artesania, educação e cultura, em busca de uma antropologia reflexiva que dê conta da inter-relação teoria-prática, conteúdo-forma como dimensões do ato educativo, indissociáveis entre si.

Desafios para novos caminhos e caminhantes

Fernandes (2021) retoma a temática da formação pedagógica do professor universitário, objeto epistêmico de sua tese de doutorado (1999), observando que prevalece a exigência legal para a docência restrita à formação em graduação ou pós-graduação na área específica profissional em que o docente vai atuar, conforme a categoria funcional em que se dá seu ingresso. Não se trata aqui de negar a importância de aprofundamento de seu campo científico, e sim de construir pontes que permitam travessias em outro campo de sua prática cotidiana, em uma perspectiva dialética entre a *dimensão epistemológica* (a questão do conhecimento e de seus múltiplos campos disciplinares), a *dimensão pedagógica* (os modos e os meios de produção; o trabalho com o conhecimento e a questão de ensinar e aprender), a *dimensão política* (a questão da escolha do projeto de sociedade e universidade que se pretende) e a *dimensão ético-existencial* (finalidades que orientam a produção de sentidos para e no mundo da vida e do trabalho).

Encaminho algumas reflexões e alternativas construídas a partir do adentramento no território complexo e desafiante do cotidiano universitário, envolvendo os sujeitos que produzem este cotidiano vivido e o por viver: professor e estudantes ensinando e aprendendo – *processos de ensinar e de aprender*; diálogo entre outras epistemes

– *perspectiva interdisciplinar*; meios técnicos socialmente produzidos – *produção de técnicas de ensino situadas nas condições concretas que a realidade sociocultural exige.* Essas considerações têm sido recolocadas na experiência de trabalhar com formação continuada de professores universitários e que confirmam a tendência que temos constatado: o ingresso da maioria dos professores com quem temos atuado também tem se dado de forma circunstancial, não se configurando como um trabalho e, especificamente, um trabalho docente.

A proposta neste capítulo está centrada no fato de não reduzirmos a formação do professor universitário ao domínio do conteúdo específico de seu campo científico, isolado do contexto histórico-político de sua enunciação e de seus meios de produção.

Nas pesquisas em que tenho estado envolvida, tem sido possível verificar que há preocupação institucional com a competência dos professores nas áreas de suas formações básicas, sem, no entanto, situá-las historicamente na perspectiva da docência, ou seja, de um trabalho não material. Essa situação se evidencia no espaço da educação formal, quando o professor realiza, com o aval de seu departamento, cursos de pós-graduação com ênfase na pesquisa de seu campo de origem, ficando seu desempenho como professor sem uma reflexão sistematizada, que traga sua prática pedagógica, seu trabalho, como foco de análise, como sujeito dessa mesma prática.

Essa temática sobre a vocação tem merecido inúmeros estudos sociológicos e deve ser ainda alvo de aprofundamento teórico num mundo em que parece que o ser humano vem perdendo a vocação de ser humano. Ainda assim, não é objetivo deste trabalho essa discussão. Minha proposta, neste momento, é chamar a atenção para o fato de que não se pode reduzir formação pedagógica ao domínio do conteúdo específico de seu campo científico.

No cotidiano da vida universitária, tem sido possível verificar que há preocupação institucional com a competência do profissional na área de sua formação, sem situá-la historicamente na perspectiva de ser um professor. Preocupação manifesta no espaço da educação formal, quando o professor realiza, com o aval de seu departamento, cursos de pós-graduação com ênfase na pesquisa de seu campo de origem, ficando seu desempenho como professor sem uma reflexão sistematizada, que traga sua prática pedagógica como foco de análise, como sujeito dessa mesma prática.

Na tentativa de uma compreensão mais sistematizada, encaminho algumas reflexões e alternativas construídas a partir do adentramento no território desafiante da prática universitária. Muitos estudos têm sido realizados sobre a universidade brasileira, desvendando suas trajetórias nas condições histórico-objetivas que explicitam contradições e possibilidades de mudanças, organização de cursos, análises sobre legislações, o que tem contribuído para encaminhá-la em outras direções.

A leitura da prática pedagógica universitária tem evidenciado uma prática na perspectiva da concepção positivista da ciência, do conhecimento e do mundo, marcada pela certeza, pela prescrição, pela precisão, pelo conhecimento oriundo da tradição, verdade pronta, "sacramentada, solidificada de tal maneira que não percebemos que é uma tradição" (Pessanha 1993, pp. 10-11).

Assim, cotidianamente, defrontamo-nos com o conhecimento concebido a-historicamente e a competência técnica universal e neutra. Essas concepções fundamentam a atuação do professor, excluindo a dimensão política do ato pedagógico, como se as relações educação-sociedade-conhecimento ocorressem numa linearidade tempo-espaço-relações, sem conflitos e sem contradições.

A "indissociabilidade entre ensino, pesquisa e extensão", incluída na Constituição de 1988, permanece como o grande desafio da universidade, principalmente na prática do ensino de graduação. Há a necessidade de reforçar a compreensão de que esse princípio – indissociabilidade – não se faz espontaneamente pela natureza de ações intrínsecas em seus processos históricos e epistemológicos, e sim pela intencionalidade de compreender o conhecimento, a ciência e o mundo numa relação dialética de sujeitos históricos – professor e alunos –, que interagem construindo o "novo do novo", muitas vezes também o "inédito" (Gramsci 1982).

Como decorrência dessa compreensão, outra prática pedagógica está sendo construída por professores e alunos. A complexidade das relações socioculturais e político-econômicas, bem como o desenvolvimento tecnológico do mundo atual pressionam propostas diferenciadas de ensinar e aprender, demandando um ensino que reconheça a aprendizagem como uma produção de conhecimento, ressignificada no contexto atual e não apenas repetição de conceitos e fórmulas de sua criação. É preciso evitar a dissociação entre o ato de ensinar e o ato de produzir conhecimento. A concepção de que só se ensina aquilo que está pronto e acabado supera a concepção de que também se aprende com aquilo que se ensina, *como se fosse possível não produzir conhecimento sobre a ação de ensinar.* Nessa lógica, há uma desvalorização do ensino como produção de conhecimento, ficando este e suas formas de produção, apropriação e circulação restritos à pesquisa – isolada como atividade na pós-graduação.

Embora compreendendo que a pesquisa institucionalizada por seu ritual esteja definida para a pós-graduação vinculada à especialização, e que na graduação seja feito o ensino do conhecimento sistematizado e específico para a competência do profissional desejado, com a finalidade de formar profissionais generalistas, percebemos que as questões epistemológicas da pesquisa precisam infiltrar-se no ensino de graduação.

A ideia de indissociabilidade precisa ser construída como uma síntese dialética no interior do ato pedagógico. Isso implica conceber um paradigma de ensinar e aprender ancorado num outro paradigma de ciência, conhecimento e mundo, diferenciado desse que tem marcado nossa prática universitária. Portanto, não se trata de pensá-la como uma questão metodológica, ou mesmo de uma integração das atividades de ensino, pesquisa e extensão. Trata-se, sim, de pensá-la como uma questão epistemológica situada numa dimensão cultural.

Torna-se necessário, então, que se pense a prática pedagógica na perspectiva de outra episteme, que provoque um ensinar a um aprender indissociado da marca da pesquisa – a *dúvida* – e da marca da extensão – a *leitura da realidade*. Essas marcas configuram compreensões de conhecimento, ciência e mundo num outro paradigma – paradigma emergente (Sousa Santos 1995) –, que gesta diferentes formas de ensinar e aprender, invertendo a lógica de primeiro a teoria, depois a prática, retirando o conhecimento do seu isolamento histórico e da sua forma cristalizada de apresentação do pronto, para recriá-lo na prática da sala de aula e em seu contexto cotidiano.

Nessa perspectiva, Veiga (2015, p. 14) discute a importância do diálogo entre a didática geral da educação superior e as didáticas específicas no sentido de:

> Fortalecer a natureza e características de cada uma delas e suas conexões com o campo epistemológico da Pedagogia, as conexões de ensino no âmbito geral, de ensino específico e as experiências dos professores. Significa também analisar a escola de hoje que é responsabilizada uma ampliada gama de funções, incluindo também a de prover serviços sociais.

Essa rápida incursão teórico-prática na prática pedagógica universitária possibilita constatar a emergência do aprofundamento dos estudos nessa direção, principalmente ao examinar a lógica que preside a organização dos currículos. Lógica que fundamenta a teoria precedendo a prática; os estágios como práticas no final dos cursos, como aprontamento para aplicação de conhecimentos; a quantidade de disciplinas numa carga horária excessiva, que revela a quantidade como sinônimo de qualidade; a organização de disciplinas baseadas apenas em pré-requisitos sequenciais de exatidão, tradicionalmente postos sem um questionamento epistemológico e histórico, originado de uma reflexão sistematizada na concepção de curso como uma unidade pedagógica; tantas outras questões, dentre elas a formação pedagógica dos professores.

Nessa direção, assumo as ideias de Veiga e Fernandes Silva (2021, p. 59)

> ao defenderem o reconhecimento da didática da educação superior em diálogo com as didáticas específicas e a necessária observância e análise das contradições e dos movimentos epistemológicos, metodológicos, tecnológicos e experienciais presentes em ambas

> (...) em direção à perspectiva crítica, inovadora e edificante, para a construção de práticas pedagógicas que promovam aprendizagens e propiciem condições aos professores para efetivem uma formação profissional dos estudantes mais democrática, justa e inclusiva para atender aos desafios atuais.

Ciente do momento de uma política nacional de educação superior em que a preocupação maior é a adaptação de currículos e a reconfiguração do ensino superior – distribuído entre os que são para produzir conhecimento e os que são para consumir conhecimento –, no atendimento à lógica da nova ordem capitalista da globalização. Sem dúvida, com essa política, a universidade perde valores historicamente construídos com muita luta e resistência, que são a essência de sua natureza e de sua função social: o aprendizado do espírito crítico e o exercício da autonomia.

Mas, como diz o grande educador brasileiro Paulo Freire (1992, p. 10): "Minha esperança é necessária, mas não é suficiente. Ela só não ganha a luta, mas, sem ela, a luta fraqueja e titubeia. Precisamos da esperança crítica".

Há muito que fazer, mas é necessário começar por um esforço intencional e sistemático para responsabilizar a instituição pela formação pedagógica de seus professores, ao mesmo tempo, investindo na produção de um conhecimento sobre essa formação e a diferença que ela pode fazer nos processos de ensinar e aprender para formar cidadãos deste país – uma grande tarefa.

De volta ao começo, *gracías* ao coletivo de autores deste livro pela confiança e pela *educação da esperança*, testemunho de outro mundo possível, e por materializarem as palavras de Paulo Freire:

> É por isso que não há esperança na pura espera, nem tampouco se alcança o que se espera na espera pura, vira, assim, espera vã. Sem um mínimo de esperança não podemos sequer começar o embate mas sem o embate, a esperança, como necessidade ontológica, se desarvora, se desendereça e se torna desesperança que às vezes, se alonga em trágico desespero. *Daí a precisão de uma certa educação da esperança.*

Referências bibliográficas

FERNANDES, C. (1998). "Formação do professor universitário: Tarefa de quem?". *In*: MASETTO, M. (org.). *Docência universitária.* Campinas: Papirus.

________ (1999). "Sala de aula universitária: Ruptura, memória educativa, territorialidade – O desafio da construção pedagógica do conhecimento". Tese de doutorado. Porto Alegre: Faculdade de Educação/Universidade Federal do Rio Grande do Sul.

________ (2021). "Currículo e práticas na educação superior". *In*: MOROSONI, M. (org.). *Enciclopédia Brasileira de Educação Superior* (Ebes), v. 2.

FREIRE, P. (1992). *Pedagogia da esperança: Um reencontro com a pedagogia do oprimido.* São Paulo: Paz e Terra.

GRAMSCI, A. (1982). *Os intelectuais e a organização da cultura.* 4ª ed. Rio de Janeiro: Civilização Brasileira.

PESSANHA, J.A. (1993). "Filosofia e modernidade: Racionalidade, imaginação e ética". *Cadernos Anped*, seleção n. 4.

SOUSA SANTOS, B. (1995). *Um discurso sobre as ciências.* 7ª ed. Porto: Afrontamento.

VEIGA, I.P.A. (coord.) (2012). *Repensando a didática.* Campinas: Papirus.

VEIGA, I.P.A. (org.) (1995). *Projeto político-pedagógico da escola: Uma construção possível.* Campinas: Papirus.

________ (2008). *Aula: Gênese, dimensões, princípios e práticas.* Campinas: Papirus.

________ (2012). *Didática: O ensino e suas relações.* Campinas: Papirus.

________ (2013). *Novas tramas para as técnicas de ensino e estudo.* Campinas: Papirus.

________ (2015). *Formação médica: Aprendizagem baseada em problemas.* Campinas: Papirus.

VEIGA, I.P.A. e FERNANDES, R.C. de A. (orgs.) (2020). *Por uma didática da educação superior.* Campinas: Autores Associados.

VEIGA, I.P.A. e FERNANDES SILVA, E. (2021). "Para onde vão a didática geral da educação superior e as didáticas específicas?". *In*: VEIGA, I.P.A. e FERNANDES, R.C. de A. (orgs.). *Por uma didática da educação superior.* Campinas: Autores Associados.

5
REPENSANDO A DIDÁTICA E SUAS CONTRIBUIÇÕES AO LONGO DO TEMPO

Maria Eugênia Castanho
Sérgio Castanho

Quanto maior o conhecimento, menor o ego, quanto maior o ego, menor o conhecimento.
Einstein

Introdução

Começamos apontando a importância de ver a realidade com olhar aberto e plural, o que nos remete a pensar e projetar o futuro com mais liberdade, fazendo rever contribuições comuns a pedagogias inovadoras do século XX. Comemorando os 25 anos da revista *Cuadernos de Pedagogía*, de Barcelona, Jaume Carbonell organizou obra de importantes autores sobre 11 grandes educadores do século XX, escrevendo no prólogo "A memória, arma do futuro":

> Somos escravos do presente, de uma realidade de contornos lineares, fechados e uniformes, delimitados pelas circunstâncias imediatas.

Nosso olhar resiste a se voltar para trás e a se projetar livremente no futuro. Pensamos de modo excessivamente restrito e único, apesar de tanta retórica em torno do pluralismo e da diversidade que, diga-se de passagem, permanecem meio letárgicos, carentes de energia, sem asas para empreender voo para horizontes distantes. (2003, p. 7)

Concordando com a valorização da memória como arma para o futuro, um grupo decidiu escrever sobre uma professora e pesquisadora da área da educação que precisa ser registrada na história das publicações brasileiras. Um livro sobre Ilma Veiga. Certamente cada pessoa que se dispuser a fazer isso terá vários caminhos e atalhos. Pensamos, de nossa parte, o que escrever. E, na amplitude de caminhos, detivemo-nos numa frase de Cora Coralina: "Nada do que vivemos tem sentido se não tocarmos o coração das pessoas". Ilma é uma grande pesquisadora, conhece profundamente o como ensinar tudo isso e tem aquela terceira e rara característica que envolve esse saber: ela toca o coração de cada pessoa com quem se comunica e se relaciona. Aprendemos a admirá-la pela simplicidade com que faz coisas tão importantes, como acolhe as pessoas, como é democrática e transparente. Sua amizade é algo valioso e vital para todos que têm a alegria de conhecê-la e trabalhar com ela.

Para conhecer o que Ilma escreveu e coordenou, pode-se começar com uma visita à internet onde se encontram dezenas de livros e coleções escritos e/ou organizados por ela, muito utilizados por toda parte, sempre com quantidade e qualidade imbricadas. Mas queremos falar de Ilma através de outros meios, outros caminhos, outros fatos.

Ilma sempre trabalhou pensando na disseminação do conhecimento, sempre com clareza sobre objetivos da educação visando resultados para condutas pessoais e sociais (Castanho e Castanho 2013), o que nos leva a citar Comênio, considerado o pai da didática. No último capítulo de sua *Didática Magna*, ele faz "um vibrante apelo aos pais, aos formadores da juventude, às pessoas instruídas, aos teólogos, aos governantes e a Deus, para que o ajudem a realizar os projetos expostos" (Gomes 1985, p. 41).

Como conhecemos Ilma Veiga

Maria Eugênia, coautora deste capítulo, recém-formada em Pedagogia pela PUC-Campinas, assumiu as aulas de Didática das quais se afastara o conhecido autor Imideo G. Nérici. Sempre trabalhou com didática no ensino superior: 10 anos, na Universidade Metodista de Piracicaba (Unimep), e mais de 20 anos, na PUC-Campinas. Ela e também o coautor Sérgio Castanho, fazendo mestrado e doutorado em Educação na Unicamp, entraram em contato com Ilma Veiga, companheira de sala de Sérgio, a qual então estava organizando um livro no âmbito educacional.

Sendo da área da didática, Maria Eugênia foi convidada a escrever o capítulo sobre os objetivos da educação. Todo o grupo que compunha a coletânea ainda não tinha história de publicações, inclusive a organizadora Ilma Veiga. Quando os textos ficaram prontos, ficamos sabendo que ainda não havia editora para a publicação. Todos foram estimulados a buscar onde publicar.

Maria Eugênia conhecia Milton Roberto Cornacchia, proprietário da Papirus, que à época tinha escritório num prédio bem próximo ao *campus* central da PUC-Campinas, em que ela lecionava. Milton tinha uma habilidade incrível para saber o que o mundo livreiro estava precisando, e, quando lhe dissemos o título do livro – *Repensando a didática* –, ele se interessou vivamente. Ato contínuo, Ilma foi até ele e assim começou a rica e produtiva parceria.

Ilma foi precisa sobre o prefácio do livro: não quis convidar alguém de renome na área para escrevê-lo. Avaliou que devíamos publicar sem esse apoio e aguardar os resultados quanto às nossas reflexões e práticas. Escreveu ela o que chamou de "Apresentação". Os resultados foram impressionantes. *Repensando a didática* foi publicado, em sua primeira edição, em 1988, ganhou muitas reedições, algumas revistas e atualizadas, e até hoje continua sendo um sucesso editorial, estando em sua 29ª edição.

Convidada por Milton, Ilma coordenou publicação de muitos livros e passou a figurar no cenário educacional do país. Milton infelizmente faleceu cedo, mas a esposa e família continuaram os trabalhos a que ele tanto se dedicara, fortalecendo cada vez mais a Papirus.

Repensando a didática: *Contribuição para a formação de professores*

Repensando a didática teve até o momento 29 edições e várias reimpressões.

A 21ª edição foi revista e atualizada em 2004. É admirável a previsão de publicação futura: o livro continua em catálogo desde o lançamento, há 33 anos, nos formatos impresso (desde 1988) e digital (desde 2011). Surgiu com uma equipe de nove autores, professores de Didática em universidades de Minas Gerais, do Piauí, de Brasília, de São Paulo e do Rio Grande do Sul, todos com muita experiência em educação escolar. O objetivo primeiro foi elaborar um livro de didática preocupado com a formação de professores, repensando o papel da didática na formação docente, buscando a efetivação da prática pedagógica crítica.

O projeto para o livro estabeleceu uma estrutura básica e a forma de ação conjunta. Foram definidos três núcleos: 1) pressupostos filosóficos e históricos da didática; 2) o planejamento e elementos do ensino; e 3) a relação professor-aluno. O trabalho de coordenação com nove autores de vários estados do país exigiu muito, dadas as dificuldades para encontros e discussões.

O interessante é que toda essa produção capitaneada por Ilma Veiga continua atual e muito utilizada, já que seus princípios seguem válidos e valiosos. Os autores de textos em livros por ela coordenados tiveram muita visibilidade e reconhecimento.

O livro começa com as relações e os pressupostos da didática. Em seguida, Ilma Veiga faz uma retrospectiva histórica da didática articulada com a discussão das propostas pedagógicas presentes e os diferentes enfoques dessa disciplina na preparação de professores. "Planejamento do ensino numa perspectiva crítica da educação" defende o planejamento participativo como alternativa para superar dificuldades na área. Em seguida, são analisadas as amplas finalidades do ensino e o grande desafio de articulá-las aos objetivos do dia a dia, mostrando que, para além da questão técnica, certamente importante, os objetivos devem ser vivos, visando ao desenvolvimento de todos os envolvidos, especialmente os estudantes e os professores.

Os conteúdos escolares, sua seleção e organização também são discutidos, além das questões de metodologia de ensino na didática escolar. Incluem-se ainda elementos da dinâmica interna da sala de aula, os importantes questionamentos sobre a avaliação (do estudante, do professor, dos conteúdos, dos recursos utilizados, dos objetivos trabalhados). Finaliza alertando para o fato de que professores e estudantes precisam ser sujeitos conscientes e definidores do ritual escolar.

Ilma Veiga, em 1988, assim finaliza a "Apresentação" de *Repensando a didática*:

> Esta coletânea de textos propicia ao leitor um vasto material para repensar a Didática nos cursos de formação de professores. O trabalho está em aberto para discussões e julgamos que, através da crítica, é possível caminhar em direção de uma proposta democrática de educação e, mais especificamente, de uma Didática mais comprometida com a formação de professores.

Vemos a educadora como uma profissional extremamente humanista:

> O humanismo – crença na unidade da raça humana e na possibilidade de o homem se aperfeiçoar a si mesmo através do próprio esforço – tem uma história que vai até os profetas hebreus e filósofos gregos. Terêncio disse "nada do que é humano me é estranho", expressão que séculos depois foi retomada por Goethe: "O homem leva dentro de si não só a sua individualidade, mas toda a humanidade, com todas as suas potencialidades, embora consiga realizar tais potencialidades só de modo muito restrito, em virtude das limitações externas da existência individual". (Fromm 1976, p. 7)

O prazer de ensinar e aprender

Ilma sempre trabalhou com alegria, transmitindo-a aos demais. O que nos traz à memória reflexões de Georges Snyders (1995) sobre a possibilidade de o estudante ter alegria nos períodos escolares apesar das dificuldades que sempre existem. Em *Feliz na universidade*, encontramos:

> é a alegria cultural dos estudantes (...) que me irá preocupar; alegrias na medida do possível, advindas do estudo, do conhecimento, da pesquisa e também do relacionamento com os professores e colegas. Todo o meu trabalho supõe que os estudantes não se deixam absorver completamente pela angústia dos exames, da seleção, dos mercados – e que conseguem manter um setor de alegria fora dos estudos e também alegria aguardada, sentida nos estudos (...) a Universidade pode oferecer o admirável aos estudantes, mesmo que eles estejam às voltas com a precariedade de seu destino. (Snyders 1995, pp. 10-11)

Ser professor inesquecível

Acreditamos que Ilma Veiga teve como norte, em sua trajetória, na área das publicações, a grande e indispensável preocupação de desenvolver ideias sobre a formação de professores inovadores, criativos, indispensáveis. Isso nos remete a muitos exemplos. Destaquemos um deles.

Encontramos uma pérola do famoso cientista Stephen Hawking, professor de cosmologia em Cambridge por 30 anos, no seu livro *Breves respostas para grandes questões.* Em suas palavras:

> toda mente necessita de uma fagulha para atingir seu pleno potencial. A centelha da curiosidade e da dúvida. Muitas vezes essa centelha vem de um professor. Deixe que me explique. Não fui um aluno exemplar, demorei para aprender a ler e minha caligrafia era ruim. Mas, quando estava com catorze anos, meu professor em St. Albans, Dikran Tahta, mostrou-me como aproveitar minha energia e me encorajou a pensar criativamente em termos matemáticos. Ele abriu

> meus olhos para as matemáticas como projeto de construção do próprio universo. Por trás de toda pessoa excepcional, há um professor excepcional. Quando pensamos nas coisas que sabemos fazer na vida, há grandes chances de que as saibamos graças a um professor.

E ainda:

> Volto a meu professor, o sr. Tahta. A base para o futuro da educação deve residir em escolas e professores inspiradores. As escolas, no entanto, oferecem apenas uma estrutura elementar onde às vezes a rotina de decoreba, equações e provas pode indispor os jovens contra a ciência... (...) defendo que todos os jovens deveriam estar familiarizados e à vontade com os temas da ciência, independentemente da carreira que seguirem. Esses indivíduos não devem crescer como analfabetos científicos e precisam ser inspirados a se envolver com os acontecimentos em ciência e tecnologia para aprender mais.

Didática como paixão vital

Imaginamos que, para Ilma Veiga, a paixão sempre foi a didática, embora tenha lecionado outras importantes disciplinas e trabalhado em tantas posições além da docência. Bem compreendida, a didática é uma disciplina ainda mais exigente que as que são comumente valorizadas. Exige estudo de toda a base teórica das demais disciplinas, buscando caminhos para uma prática consistente. Enfim, sempre vemos nela a verdadeira práxis: teoria e prática juntas, profundamente trabalhadas no dia a dia das aulas das crianças, dos jovens, dos adultos, dos idosos.

Sempre ensinamos e aprendemos. Há uma exigência técnica, que nunca é neutra e que deve ser enfrentada para que não se fique no espaço da sala de aula com palavras de ordem que apenas desmobilizam, não levando à realização de ações vitais (Castanho e Castanho 2020). Embora haja aspectos técnicos importantes em todo o processo do ensino, o ensino é muito mais que seu aspecto técnico, envolvendo a existência humana em seu conjunto. Nos dias de hoje, com o ambiente gerado pela pandemia de Covid-19, necessitamos de mudanças.

António Nóvoa (2020) avalia que as ideias de que nada vai mudar ou de que tudo vai mudar rapidamente são duas ilusões igualmente absurdas. Em educação as mudanças são sempre longas, fruto do trabalho de várias gerações. O recurso ao digital não é inocente, esse "meio" influencia o acesso e a organização do conhecimento. Além disso, seu uso público é condicionado por ser controlado pelas grandes empresas privadas. Torna-se urgente assegurar o acesso de todos ao digital e valorizar o *software* livre, universal e gratuito. Mas a questão essencial nunca é sobre os instrumentos, é sempre sobre o sentido da mudança.

Falando sobre o ensino digital, Nóvoa defende que, nas mãos de professores e alunos com sensibilidade e tato pedagógico, o digital pode ser um instrumento importante para apoiar as mudanças necessárias na educação e no ensino.

A condição *ser aluno* é circunstancial. Nossos alunos têm muitas outras características pessoais, além de serem estudantes. A única e indispensável superioridade que podemos e devemos ter em relação a eles é o conhecimento profundo de nossa disciplina e de como ensiná-la. No mais, aprendemos muito com eles. Isso tudo aparece na vida de Ilma Veiga, presença humana coerente com tudo que ensina e defende.

Tempos outros, mudanças à vista

Muito tempo se passou desde então. Muita coisa aconteceu na escola brasileira de todos os níveis, na sociedade brasileira, no mundo todo. Vivemos por toda parte, no Brasil e no mundo, uma epidemia, causada pelo novo coronavírus, da doença identificada na área científica como Sars-CoV-2. A humanidade viu de repente tudo mudar, e o isolamento social passou a ser a norma geral para conter a disseminação da doença que já matou e continua matando a população.

Boaventura de Sousa Santos (2020) afirma:

> A pandemia e a quarentena estão a revelar que são possíveis alternativas, que as sociedades se adaptam a novos modos de viver quando tal é necessário e sentido como correspondendo ao bem comum. Esta situação torna-se propícia a que se pense em alternativas ao modo de viver, de produzir, de consumir e de conviver nestes primeiros anos do século XXI. Na ausência de tais alternativas, não será possível evitar a irrupção de novas pandemias, as quais, aliás, como tudo leva a crer, podem ser ainda mais letais do que a atual.

E continua: "A nova articulação pressupõe uma viragem epistemológica, cultural e ideológica que sustente as soluções políticas, econômicas e sociais que garantam a continuidade da vida humana digna no planeta" (*ibidem*).

No Brasil, dada a descoordenação de todas as providências que são necessárias, em praticamente todas as áreas a situação é grave. As escolas tiveram que se afastar do ensino presencial e os professores, corajosamente, assumiram uma tarefa de ensino a distância, enfrentando todas as dificuldades daí decorrentes.

Em texto sobre grandes pedagogos do século XX, José Gimeno Sacristán (2003, p. 23), reconhecendo as enormes dificuldades no campo da educação, afirma:

> Contudo, a história não acabou. A sociedade continua evoluindo, e o sistema escolar é sacudido por novas demandas de transformação. Os desafios são novos, embora os ideais, mais matizados, sejam os mesmos. Nossa responsabilidade fundamental é avançar na construção de uma dinâmica libertadora dentro dos sistemas educacionais, como reformadores anônimos de uma prática que devemos inventar, participando das ideias e dos ideais que continuam sendo transformadores. Isto sem deixarmos de ser sensíveis ao surgimento de novos espaços não-escolarizados cada vez mais decisivos na sociedade da aprendizagem constante exigida pela sociedade do conhecimento, e possibilitados pelas tecnologias da informação.

Nos dias que correm, as poucas e muitas vezes desencontradas propostas do governo da República, em termos de política educacional, não são de molde a criar boas expectativas. Mas não se pode deixar abater pelo desânimo. Afinal, é infindável a busca de melhores dias em educação e em todas as dimensões da sociedade humana.

Inspirados pela reflexão sobre a educadora Ilma Veiga, e levando em conta o que vivemos hoje no país, particularmente no campo da educação, devemos nos fortalecer com a coragem. São fundamentais: o respeito à liberdade dos alunos, sem menosprezo à posição legítima dos educadores, e a valorização dos conteúdos culturais que devem ser transmitidos. Acentuamos a ideia de que as intenções e os objetivos da educação têm por horizonte a ambição da comunicação, visando à formação de pessoas democráticas, tendo processos mentais cada vez mais criativos, críticos e solidários à humanidade.

Encerramos com a profunda reflexão que nos oferece António Nóvoa (2020):

> Os problemas educativos, agora expostos com nitidez pela pandemia, não são novos. Estamos, sim, a assistir a uma aceleração da história. Os próximos tempos vão ser marcados por mudanças profundas. Hoje, mais do que nunca, precisamos de universidades com grande autonomia e liberdade, com espírito crítico, comprometidas com a inovação pedagógica e o reforço do espaço público da educação. É por aqui que passa grande parte do futuro das sociedades do século XXI.

Referências bibliográficas

CARBONELL, J. (2003). "A memória, arma do futuro". *In*: CARBONELL, J. (org.). *Pedagogias do século* XX. Porto Alegre: Artmed.

CASTANHO, M.E.L.M. (2012). "Os objetivos da educação". *In*: VEIGA, I.P.A. (coord.). *Repensando a didática*. 29ª ed. Campinas: Papirus.

CASTANHO, S. e CASTANHO, M.E.L.M. (2013). "Revisitando os objetivos da educação". *In*: VEIGA, I.P.A. (org.). *Didática: O ensino e suas relações*. 18ª ed. 2ª reimp. Campinas: Papirus.

CASTANHO, M.E.L.M. e CASTANHO, S.E.M. (2020). "Intenções e objetivos da educação superior: Uma visão histórico-crítica". *In*: VEIGA, I.P.A. e FERNANDES, R.C. de A. (orgs.). *Por uma didática da educação superior*. Campinas: Autores Associados.

COMÉNIO, J.A. (1985). *Didáctica Magna. Tratado da arte universal de ensinar tudo a todos*. Tradução do texto latino de *Didactica Magna* de Comênio. 3ª ed. Porto: Fundação Calouste Gulbenkian.

FROMM, E. (ed.) (1976). *Humanismo socialista*. Lisboa: Edições 70.

GOMES, J.F. (1985). "Introdução". *In*: COMÉNIO, J.A. *Didáctica Magna. Tratado da arte universal de ensinar tudo a todos*. Tradução do texto latino de *Didactica Magna* de Coménio. 3ª ed. Porto: Fundação Calouste Gulbenkian.

HAWKING, S. (2018). *Breves respostas para grandes questões*. Rio de Janeiro: Intrínseca.

NÓVOA, A. (2020). "E agora, escola?". *Jornal da USP*, ago.

SACRISTÁN, J.G. (2003). "Os 'inventores' da educação". *In*: CARBONELL, J. (org.). *Pedagogias do século XX*. Porto Alegre: Artmed.

SAVIANI, D. (2008). *Escola e democracia*. Campinas: Autores Associados. (Edição Comemorativa)

SNYDERS, G. (1995). *Feliz na universidade: Estudos a partir de algumas biografias*. Rio de Janeiro: Paz e Terra.

SOUSA SANTOS, B. de (2020). *A cruel pedagogia do vírus*. Coimbra: Almedina.

6
MAGISTÉRIO: FORMAÇÃO E TRABALHO PEDAGÓGICO – DIFERENTES ÂNGULOS DA PROBLEMÁTICA EDUCACIONAL

Ana Lúcia Amaral
Ângela Imaculada Loureiro de Freitas Dalben

Neste capítulo, pretendemos enfocar o trabalho substancioso e inovador da professora Ilma Passos Alencastro Veiga, na condição de *organizadora* e *autora* da Coleção Magistério: Formação e Trabalho Pedagógico. Pretendemos também trazer à tona a sensibilidade e a perspicácia da professora, ao ligar os "pares" *autor/tema* ao longo de toda a coleção. Esta se mostrou bastante rica, compondo-se de um grande número de livros ligados a importantes e diferentes desafios educacionais. Esperamos ter sido suficientemente criteriosas ao selecionar, entre tantos, cinco livros focados em dois grandes e importantes temas: "formação de professores" e "trabalho pedagógico".

Então, mãos às obras!

Livro I: *Formação de professores: Políticas e debates* (2002)

O primeiro livro aqui abordado foi motivado pela demanda dos educadores, a partir das questões levantadas em um dos eixos temáticos do XI Endipe (2002) acerca das políticas então vigentes sobre a formação de professores. Os trabalhos apresentados são da autoria de professores que atuavam ou já haviam atuado em universidades públicas, e já vieram com o aval de um comitê científico, tratando da formação de professores em diferentes níveis de ensino: ora voltando-se para a educação superior, ora para a educação básica.

Autora do capítulo 1, Sofia Lerche Vieira foi muito feliz ao inserir a expressão "cenários de reforma" no título. Afinal, pode-se dizer que o livro é uma cobertura bem fundamentada dos cenários de diferentes naturezas – legais, sociais, globais, privadas, culturais etc. – que viabilizaram as diferentes reformas educacionais, ou apenas *clamaram* por elas no século XIX. Nesse capítulo, foram analisadas reformas mais amplas, tais como a consolidação do processo de globalização, as novas formas de organização do Estado, o fortalecimento do papel das agências internacionais, entre outras. Ao tratar de políticas educacionais, a autora se utiliza, com propriedade, das palavras de Barbara Freitag (1987): "a política educacional não é senão um caso particular das políticas sociais".

No segundo capítulo, Leda Scheibe percorre algumas décadas a partir de 1940, com a implantação do Estado Novo, passando pela década de 1960, com o "tecnocratismo" dos militares, analisando a estreita vinculação, adotada a seguir, entre mercado de trabalho e educação, sustentada pela teoria do "capital humano". A análise continua até 2000, com profundas reflexões a partir das conclusões apresentadas no documento final do X Encontro Nacional da Anfope.

A professora Ilma Passos Alencastro Veiga trata, no capítulo 3, de uma questão nevrálgica que insiste em dicotomizar a formação do professor: um "tecnólogo do ensino" ou um "agente social"? A primeira opção abraça uma formação meramente técnico-instrumental, ou seja, direcionada para o desenvolvimento de "competências" emanadas de Diretrizes Nacionais. A segunda desvela o caráter político inerente ao fenômeno educativo, que fica excluído se nos preocupamos exclusivamente com a tecnologia educacional. Ilma destaca as transformações dos meios de comunicação e da tecnologia, criando o que ela chamou de "o mito da sociedade da informação" e "o mito do progresso", uma vez que, num impensável paradoxo, convivem com o crescimento da pobreza em todas as regiões do mundo: o surgimento da "sociedade dos incluídos *x* a sociedade dos excluídos". A globalização subordinou os interesses políticos aos interesses mercadológicos, fortalecendo o individualismo e o descompromisso social. Experiências locais são lembradas, como a Escola Candanga, em Brasília-DF; a Escola Plural, em Belo Horizonte-MG; a Escola Cidadã, em Porto Alegre-RS, entre outras que, infelizmente, permaneceram nichos isolados no cenário educacional. Nesse capítulo, a professora Ilma estabelece as bases para o investimento em uma formação de professores compromissados com uma educação crítica e emancipadora.

No capítulo 4, Olga Damis nos brinda com um texto que é fruto de vasta pesquisa histórica sobre o tema "formação de professores", que se iniciou basicamente na década de 1930. A globalização política e econômica, no contexto do desenvolvimento produzido pelo trabalho capitalista, passou a exigir como nunca, até então, uma escola responsável pela educação formal, cumprindo sua função social específica com *eficiência e eficácia*! Inúmeras inovações e legislações são abordadas no decorrer do século XX, e mesmo nos primeiros anos do século XXI. É resgatada a noção de *competência* (disseminada aqui no Brasil com as obras do sociólogo suíço Philippe Perrenoud (1999), e outras noções importantes, heranças do *positivismo.*

No capítulo 5, Ana Lúcia Amaral toma como ponto de partida uma afirmação do então Ministro da Educação reproduzida no *Jornal do Brasil* de dezembro de 2001: "A escola brasileira não sabe ensinar a ler e ponto". A afirmação teve origem nos lamentáveis resultados das crianças brasileiras – último lugar – nas provas de Leitura, Matemática e Ciências, do Programa Internacional de Avaliação de Alunos (Pisa). Começou, então, um discurso que acabou por desmantelar o sistema educacional vigente, sem apresentar grandes resultados. Aos poucos, a educação brasileira se voltou para os, então atuais, discursos da pedagogia internacional, sobretudo americana e europeia: Giroux (1988): o "professor *intelectual*"; Schön (2000): "o professor *reflexivo*"; Zeichner (1992): o "professor *pesquisador*", entre outros. Como as experiências não trouxeram qualidade à educação nas escolas brasileiras, a autora procurou despir o professor dos *adjetivos* que lhe eram acoplados, resgatando o substantivo *professor* em alguns dicionários e conclui: *Professor é aquele que ensina alguma coisa a alguém!*

Fechando o livro, Lucíola L.C.P. Santos, valendo-se da argumentação de muitos – bons e atuais – autores, percorre uma gama bastante extensa de problemas enfrentados pelos professores ao pretenderem desempenhar suas funções. O grande número de requisitos colocados por diferentes teóricos, tendo como cenário: dificuldades de aprendizagem dos alunos, precariedade de recursos físicos e materiais, e tantos outros, desafiam, preocupam e colocam em conflito os professores. Ela traz à baila, então, as permanentes necessidades das camadas populares, necessidades que só poderiam ser supridas com a implantação de políticas de redistribuição de renda, emprego, habitação, saneamento, saúde, entre outras – problemas que a educação sozinha não tem como resolver...

Livro II: *A escola mudou. Que mude a formação de professores!* (2010)

No livro I, sobre a formação de professores (2002), com o intuito de trazer a público "políticas e debates", Ilma Veiga teve o cuidado de abrir um leque cobrindo uma amostra significativa da intelectualidade brasileira ligada ao tema. As autoras tinham diferentes ligações (formação ou exercício) com importantes universidades brasileiras ou estrangeiras (UFMG, Stanford University, Universidade de Londres, Unicamp, UnB, UFRGS, PUC-SP, UFU, Uece), e os textos tratavam da formação de educadores para diferentes níveis de ensino. Aqui, no livro II, lançado em 2010, as autoras tomaram como referência o debate e as preocupações do MEC, e os estudos e as pesquisas sobre a formação de professores centrada na escola. O olhar se volta para a *escola básica.* Com esse propósito, a obra se estrutura em três eixos: 1) analisa a formação de professores como campo de possibilidades inovadoras; 2) trata das questões curriculares dessa formação; 3) volta-se para as práticas da formação de *professores das escolas públicas*, identificando e avaliando processos formativos inovadores. No capítulo 1, "Formação de Professores: Um campo de possibilidades inovadoras", da autoria de Ilma P.A. Veiga e Cleide Maria Q.Q. Viana, é discutida a formação de professores para a educação básica, no âmbito da inovação pedagógica. Iniciando o capítulo, é apresentada uma síntese das características do contexto social, passando pelas três, então chamadas, Revoluções Industriais: o taylorismo fordista, o toyotismo contemporâneo, até as chamadas "crise do capital" e "crise do Estado de bem-estar social". Esta teria provocado a crise estrutural do Estado capitalista e a premente necessidade de contenção dos gastos públicos e incremento das privatizações. Países periféricos, como o Brasil, foram submetidos a medidas impostas pelos países desenvolvidos como soluções para a superação da crise, conjunto de medidas que se convencionou chamar de *projeto liberal.* A *globalização* garantiu o surgimento e o desenvolvimento de políticas sociais, entre elas, as relativas à educação. A década de 1990 se caracterizou para a sociedade brasileira como um período de ajustes ao projeto neoliberal, com a orientação de organismos internacionais comandados pelo Banco Mundial. As autoras chamam a atenção para o fato de a escola não estar respondendo às exigências daquela realidade a contento, mas fazem a crítica daquilo que é exigido por aquele contexto da escola. Na segunda parte do capítulo, as autoras se voltam para os conceitos de formação humana, considerados essenciais a uma proposta de formação de professores para a educação básica. Todos os argumentos são substancialmente defendidos, caminhando na direção de ultrapassar o papel do professor como "instrumento de reprodução social", "tradutor do saber", "tecnólogo do ensino". Houve, por parte delas, o firme propósito de mostrar como a LDB n. 9.394/96 estava perfeitamente afinada com as determinações dos organismos financeiros internacionais: manutenção da ordem vigente, com uma proposta de educação e formação do professor ajustadas à visão do mercado. Concordam com a necessidade de renovação da escola no sentido de tornar-se atraente para o aluno, mas sem deixar de lado a crítica da superação da subserviência à lógica do mercado. Por fim, levantam a bandeira da imprescindibilidade do professor: *o avanço tecnológico deve estar a serviço do homem* e os recursos tecnológicos jamais terão condição de desempenhar, sozinhos, o papel de formadores de massa crítica, de agentes sociais. Os demais capítulos do livro, de 2 a 5,[1] são relatos de pesquisas/trabalhos da pós-graduação na temática "formação de professores", desenvolvidos na rede pública de ensino do Distrito Federal por professoras ali atuantes. É uma formação humana, resultante da união universidade/escola.

Parte II: Trabalho pedagógico

Livro III: *Técnicas de ensino: Por que não?* (1991)

Esse livro foi um marco na retomada da importância "pedagógica" (adjetivo visto como relativo a uma *pedagogia crítica*) rumo a uma educação brasileira de qualidade, resgatando *o real papel das técnicas de ensino* (demonizadas até então como elementos essenciais do *tecnicismo*): *como meios*! E não, *fins em si mesmas*!

No capítulo 1 do livro, de José Carlos Souza Araujo, "Para uma análise das representações sobre as técnicas de ensino", o autor procurou mostrar a importância da inserção desse livro como um todo numa conjuntura histórica e ideológico-educacional brasileira, referida pelo menos às últimas décadas do século XX. Araujo se reporta aos anos 1970,

---

1. As demais autoras são: Lívia F.F. Borges (cap. 2); Edileuza Fernandes da Silva, também coordenadora do livro (cap. 3); Rosana César de Arruda Fernandes (cap. 4); Maria Antônia Honório Tolentino (cap. 5).

quando se instalou no cenário pedagógico brasileiro a hegemonia do *tecnicismo*, com a utilização maciça de recursos técnicos – audiovisuais, óticos, eletrônicos, cibernéticos – ou técnicas de ensino, tais como a instrução programada, o microensino, os módulos instrucionais, a teleeducação etc., com a convicção de que o uso de tais recursos seria salutar ao processo de ensino e aprendizagem. Dado que *técnica de ensino* sugere tecnicismo e *tecnologia*, e esta se associa às noções de desenvolvimento e modernização, e eventualmente, *capitalismo*, a palavra *capitalista* passou a ser considerada o perfeito *antônimo de progressista*. Em um nível especificamente pedagógico, outros conceitos ligados à dimensão técnica do ensino, como método, metodologia, processo, procedimento, estratégia, entre outros, passaram a fazer parte do *universo pedagógico então rejeitado* como um todo. Araujo, entretanto, se propõe a discutir o lugar que as técnicas de ensino devem ocupar como elemento componente do processo pedagógico escolar. Faz-se necessário, entretanto, dimensionar a prática pedagógica como uma faceta da dimensão escolar, e esta, como uma dimensão da prática social! Torna-se claro que nenhuma técnica de ensino tem existência em si, nem racionalidade em si como apregoava o *tecnicismo*. Tal perspectiva levaria à percepção errônea de que bastariam as estratégias e as táticas bem conduzidas para realizar plenamente o ensinar! O autor tece sólidos argumentos para mostrar que o aspecto técnico do ensino é elemento constituinte do especificamente pedagógico. No entanto, não se pode esquecer que a prática pedagógica é uma entre outras facetas da dimensão escolar, e esta, uma das facetas da prática social! Estratégias e práticas são *meios* e estão subordinados aos *fins*! Fins que traduzem finalidades educativas mais amplas. Como o autor exemplarmente afirma,

> separar o que é unido é um exercício apenas intelectual, de conhecimento. Compartimentar as dimensões técnica e metodológica, e separá-las do conteúdo e dos outros elementos componentes da prática pedagógica e educativa significa embarcar em navios metafísicos. (Araujo 1991, p. 28)

No capítulo 4 "Na sala de aula: O estudo dirigido", Ilma Veiga logo torna clara sua preocupação se o emprego ou não de determinada técnica de ensino leva em consideração a situação dos alunos de camadas mais pobres da população, assim como as condições da escola onde acontece o trabalho pedagógico. Dessas duas preocupações básicas surgem algumas outras, dentre as quais destaca:

- O que fazer para que esses alunos se sintam capazes de compreender e interpretar um texto didático?
- O que fazer para propiciar a passagem da leitura – vista como atividade repetitiva, reprodutora e alienante – para uma leitura crítica, criativa e autônoma? Ou, em outras palavras, passar da leitura parafrástica para a leitura polissêmica?
- O que fazer para que os alunos não relutem em recorrer a livros e textos didáticos como fonte de informações?

Enfim, o que fazer para contribuir com o processo de ruptura da dependência dos alunos em relação ao professor?

Ilma entende que a proposta técnico-política é um passo para a busca de solução pedagógica, uma vez que, por meio dela, o professor pode fazer alterações na sala de aula. Para fazer, então, uma proposta técnico-política confiável, a autora se baseou em: resultados de uma pesquisa do cotidiano escolar; posicionamento de diferentes e conhecidos autores sobre o tema *estudo dirigido*; cuidadosa análise que lhe possibilitou distinguir pontos básicos necessários ao desenvolvimento do tema.

Na pesquisa realizada com professores da escola fundamental, a autora encontrou uma grande quantidade de exercícios indevidamente chamados de "estudo dirigido". A grande maioria exigia apenas memorização: perguntas curtas e diretas, exercícios objetivos, questões de múltipla escolha sobre o texto, sugerindo apenas uma forma de adestramento. Tanto o *estudo dirigido*, como outras atividades, se limitam a repetir tópicos do programa de ensino. A grande maioria dos exercícios não se preocupa com questões polêmicas: contenta-se com uma memorização de conteúdo, desconhecendo habilidades intelectuais mais complexas. Por desconhecimento, muitos professores empregam diferentes técnicas sem levar em conta o "método", que se fundamenta numa concepção de homem, de educação e de sociedade.

A análise de textos e livros de didática mais usados nas décadas de 1960, 1970 e 1980 levou ao encontro de abordagens heterogêneas: desde enfoques psicológicos/escolanovistas até os de uma visão tecnicista, reforçando a ideia de neutralidade científica da didática. Não há referência às finalidades sociopolíticas da educação. Para que se supere essa visão simplista da educação, faz-se necessário ampliar o conceito de técnica de ensino, percebendo-a na sua totalidade e vinculada à questão dos métodos de ensino nas suas determinações sociais. A autora faz um percurso com importantes autores, desde a década de 1920, identificando o movimento de oposição à escola tradicional mais significativo – a Escola Nova –, como uma opção pelos *métodos ativos* e da quantidade para a *qualidade*. Posteriormente, o estudo dirigido sofre as influências da pedagogia tecnicista e seu pressuposto básico de *neutralidade científica*: racionalidade, eficiência e produtividade. A partir de 1974, com o início da abertura do regime político autoritário, instalado em 1964, surgiram estudos voltados para uma análise crítica da educação e denúncia do caráter reprodutor da escola. Começaram a se desenvolver estudos e pesquisas que, ao lado dos determinantes sociais, começaram a analisar a influência da própria escola na marginalização social dos alunos oriundos das camadas desprivilegiadas da população. Inicia-se uma proposta de revisão da escola pública com base nos pressupostos da *pedagogia crítica*. Essa é a pedagogia que visa formar um tipo de homem socialmente preparado para desempenhar um papel na luta pela transformação histórica.[2]

2. Outros autores: Antônio Feltran Filho; Antônia Osima Lopes; Jorcelina Q. de Azambuja; M. Eugênia L.M. Castanho; M. Letícia R. de Souza; Regina Célia de S. Feltran.

Livro IV: *Técnicas de ensino: Novos tempos, novas configurações* (2006)

> *As técnicas de ensino são componentes operacionais dos métodos de ensino que, por sua vez, estão vinculados a um ideário pedagógico, e é isso que possibilita torná-las concretas, caso contrário seriam apenas objeto de formalismos.* (Veiga 2012, p. 8)

Ilma Veiga, nesse livro, traz novas preocupações, agora, consolidando o lugar dessa discussão, convidando sete autores a debaterem a temática e salientando aspectos fundamentais na construção de um novo paradigma na discussão do lugar das técnicas de ensino na área da didática. Em suas palavras: "As técnicas de ensino trabalhadas nesta coletânea correspondem à preocupação de seus autores em buscar respostas a problemas vivenciados no dia a dia da sala de aula. Trata-se de uma variedade de pontos de vista sobre cada técnica" (2012, p. 9).

As técnicas de ensino têm um caráter instrumental e intermedeiam as relações pedagógicas. São meios e não fins, e não são elas que definem o ideal educativo. Devem ser escolhidas e utilizadas pelo professor de forma consciente e permeadas de intencionalidades. Elas podem cumprir o papel relevante na criação e na manutenção das relações de dominação no processo educativo, ou incentivar e potencializar diálogos criativos, fortalecendo competências socioafetivas e cognitivas complexas. O seu significado e os seus sentidos estão referenciados nos projetos pedagógicos e expressarão, com o mesmo potencial, todo o ideário a que se referem. A autora traz discussões importantes de diferentes técnicas e convida autores diversos para fazerem releituras, novos debates e novos holofotes para o seu uso nos contextos contemporâneos.

Assim, José Carlos Souza Araujo abre a coletânea com o texto "Do quadro negro à lousa digital: Técnica, tecnologia e tecnicismo" e, dessa vez, reflete sobre as relações entre esses aspectos na defesa pela centralidade no planejamento do ensino como forma de viabilizá-lo. Segundo Araujo (*ibidem*, p. 17), "os métodos, as técnicas e as tecnologias educativas são objetos que pretendem servir à humanização por meio da educação sistemática e intencional das instituições escolares".

No capítulo 2, Ana Lúcia Amaral, segundo Ilma, "traz à tona uma das técnicas didáticas mais ricas e interessantes" do processo de ensino: "O trabalho em grupo: Como trabalhar com os diferentes". Resgata as origens e discute o lugar de destaque das metodologias ativas no contexto da pedagogia crítica. A base do debate proposto por Amaral é a convicção de que a experiência e a interação entre os alunos são fatores cruciais para a condução de uma aprendizagem significativa. A autora aprofunda a discussão a partir da perspectiva crítica com propósitos da transformação social, além das análises sobre as possibilidades da participação dos estudantes em grupos heterogêneos e, também, naqueles (supostamente) homogêneos na construção do conhecimento em sala de aula.

Na sequência, Ilma Veiga brinda os leitores com o capítulo "Projetos de ação didática: Uma técnica de ensino para inovar a sala de aula", refletindo sobre como redimensionar o potencial desse espaço educativo. Um projeto de ação didática é uma proposta de intervenção. Está centrada no estudo de problemas situados em um contexto social e orienta-se pela dinâmica integradora e de síntese entre teoria e prática. Alerta sobre os reducionismos existentes quando se assume essa técnica sem a dimensão de escolha em seu sentido filosófico, ou do sentido e fins a que se destina. E fala: "o projeto de ação didática é uma maneira de organizar o ensino e é uma técnica de intervenção". Exige que sejam considerados princípios como a globalização e a centralidade em problemas com sentido coletivo e integrador. Recomenda o uso dessa técnica em salas de aula nas escolas, porque ajuda os professores, os estudantes e a escola a aprenderem mais, pesquisar mais e avaliar mais. Dessa forma, permite que se delineie um currículo integrado, mais ampliado, permite que emerjam temas diversos do contexto dos estudantes, temas presentes na atualidade dos estudos e temas estruturantes da função política da instituição educativa. Veiga acentua sempre, em seus debates, as suas concepções sobre a importância e o lugar do plano e/ou planejamentos nas ações didáticas, o projeto, as intencionalidades dialéticas e o lugar das técnicas nessas construções. É uma atividade permeada por intencionalidades na qual o aluno adquire e produz conhecimentos, resolve problemas da vida real que o preocupam, autênticos ou simulados.

O capítulo 4, "O módulo didático: Uma tecnologia para a EAD", escrito por Ângela I.L.F. Dalben, aborda as possibilidades da técnica como uma alternativa rica na elaboração de materiais didáticos para uso na *educação a distância*. Fundamentando-se em experiências vividas, a autora insiste nos aspectos e nas características da técnica que exige cuidados na elaboração, referindo-se especificamente aos diferentes componentes do ensino, como a delimitação dos objetivos, as concepções de avaliação, o planejamento dos objetos de conhecimento e suas sequências.

O capítulo 5, "Unidade didática: Uma técnica para a organização do ensino e da aprendizagem", escrito por Olga Teixeira Damis, técnica também conhecida como Plano Morrison, expressa um projeto de organização e desenvolvimento do ensino pelo professor, promovendo a integração das experiências do aluno num todo significativo. A autora faz um passeio histórico na construção da área da didática, desde o século XVII, oferecendo ao leitor um panorama completo do debate sobre as oposições e os dilemas vividos nos processos de organização do ensino. Assim, constrói a discussão sobre a unidade didática como uma técnica que aborda relações de interdependência entre elementos básicos que integram o ato de ensinar: objetivos, conteúdo, metodologia, recursos e avaliação.

O capítulo 6, "Aprender a contar, a ouvir, a viver: As narrativas como processo de formação", escrito por Selva Guimarães, aborda as narrativas como técnicas de ensino e joga luzes na importância das histórias de vida dos sujeitos, na questão das identidades sociais, no processo de compreensão e formação com sentidos e significados. A autora delineia o seu raciocínio sobre a temática, trazendo narrativas de alunos e autores constitutivas de identidades, de processos de autoconhecimento e formação pessoal e profissional.

Por fim, o capítulo 7, "Metodologia de aprendizagem baseada em problemas", escrito por Marilda Aparecida Behrens, traz o paradigma da complexidade na perspectiva da visão da totalidade no processo de aprendizagens problematizadoras, reflexivas e contextualizadas. A autora comenta que a opção pela metodologia exige a adesão por atividades que envolvam a participação individual, discussões coletivas, críticas e reflexivas, a convivência com a diversidade de opiniões, o acesso a maneiras diferenciadas de aprender e, especialmente, a abertura por aprender a aprender. Nesse contexto de ensino e aprendizagens, a criticidade do aluno e do professor se transforma em atitudes de ética e fraternidade na criação de um clima significativo, produtivo e transformador.

Livro V: *Novas tramas para as técnicas de ensino e estudo* (2013)

Este livro, como tudo o que foi organizado por Ilma Veiga, reflete um processo intencional de superação do tecnicismo, do pragmatismo e do negacionismo da técnica na educação brasileira. Fernandes (2013, p. 7), prefaciando o livro, afirma com propriedade:

> Vivemos esses momentos de intenso debate, especialmente como professores de didática, como se fosse possível isolar a *técnica* da condição de ser humano, na medida em que a técnica foi o modo humano de produção da vida para enfrentar as contradições entre o homem e a realidade objetiva, nesse caso a prática pedagógica em suas múltiplas dimensões: relação professor-aluno e conteúdo-forma; relações de produção com o conhecimento na materialidade do mundo da vida e do trabalho.

Fernandes salienta também a importância do pensamento da autora do livro, no desafio de retomar a temática das técnicas de ensino, não como uma questão de repetição, mas na perspectiva histórico-crítica de ressignificação pela memória vivida, na busca por favorecer a autonomia, o espírito coletivo e o desenvolvimento de habilidades intelectuais mais complexas nas interfaces da relação pedagógica. Dessa forma, vislumbra-se superar o tecnicismo, o pragmatismo e a própria postura de negação da técnica, presentes em discursos contemporâneos equivocados.

Assim, José Carlos Souza Araujo, oferecendo o tom do debate, escreve o capítulo 1 com o título "O que significa revisitar técnicas de ensino à luz da pedagogia histórico-crítica?". O autor constrói uma reflexão histórica sobre os principais dilemas presentes entre filósofos e educadores ao longo dos séculos sobre a ação de educar e sintetiza na tensão entre a *arte e a ciência* no exercício do professor. A questão central se coloca na pergunta: "O domínio de técnicas (*techné*, no grego, significa arte manual, indústria, artesania) de ensino é a própria arte de ensinar?" (2013, p. 18). No bojo dessas reflexões, Araujo abre o livro situando as técnicas de ensino na escola como um fenômeno que não ocorre isoladamente. Os objetivos de ensino existem dentro de finalidades sociopolíticas por meio de processos escolares em diferentes níveis de ensino. São os princípios que regem a relação conteúdo/forma, a relação teoria/prática e a relação educação, didática e sociedade: daí não existir neutralidade neste processo.

Seguindo, no capítulo 2, Ilma Veiga traz a discussão do "Ensinar, aprender, pesquisar e avaliar com mapas conceituais" e situa a dupla preocupação de sua perspectiva de análise: ou uma técnica que se apresenta ensinando uma habilidade específica para se fazer algo ou utilizá-la de forma pensada como uma habilidade especial para se superar o próprio campo técnico na perspectiva de diálogo com o contexto e os processos de ensino e aprendizagem. O mapa conceitual é uma representação gráfica, necessariamente visual, das relações cognitivas e lógicas do conhecimento a que se destina. Tem por finalidade ser um instrumento mental para facilitar a percepção dos interlocutores num determinado contexto, sendo por isso considerada uma técnica didática porque favorece os processos de comunicação, diálogo e reflexão na relação pedagógica criando vínculos e interfaces com outros conhecimentos. É, portanto, uma representação gráfica de um processo metodológico. Veiga (2010, p. 53) discute o processo didático a partir de dimensões fundamentais e assim se expressa:

> – o processo didático é o espaço-tempo em que se dão as relações diretas e imediatas do ensinar e do aprender, do pesquisar e do avaliar;

- essas não são relações isoladas e estanques: apenas coexistem, mas se interpenetram;
- é preciso conhecer cada dimensão para que se possa fazer a correlação – a integração – entre elas, para atingir a unidade do processo didático.

A autora esclarece que a *primeira dimensão* é a do ensino concebido como uma prática social que orienta o desenvolvimento socioafetivo, psicomotor e cognitivo dos sujeitos da aprendizagem, que esse processo é revelador de intencionalidades e permeado por valores e contradições, sendo que o maior objetivo é a construção do conhecimento no diálogo e envolvimento do aluno. Nesse sentido, defende o mapa conceitual como uma técnica capaz de auxiliar o professor no ato de ensinar porque reforça a compreensão e aprendizagem por parte dos estudantes.

Na *segunda dimensão*, compreendida como os processos de interação pedagógica, percebe-se a dinâmica dos significados e sentidos existentes na integração entre o pensar, o sentir, o criar, o desejar entre outros na constituição do ato de ensinar e aprender. A autora define: "Aprender é o movimento de construção de significados. Aprender é interpretar e compreender a realidade" (Veiga 2010, pp. 60-61).

A pesquisa está apresentada *na terceira dimensão* apontada pela autora, lembrada pelos aspectos criativos das possibilidades do pensamento humano, dos pressupostos teórico-metodológicos das investigações científicas e todo o movimento de organização e sistematização necessário na intencionalidade da produção de conhecimentos.

Por último, a *quarta dimensão* do processo didático aborda a avaliação: processo que aglutina, sintetiza e induz a novos ciclos do ensinar e aprender.

Os mapas conceituais, no ponto de vista de Veiga (2013), como uma estratégia didática, cumprem o papel de técnica de ensino e aprendizagem, assim como técnica de investigação e avaliação. Vale destacar os seguintes pontos que a autora salienta na caracterização de uma técnica didática:

> (a) gerar ideias, conceitos e conhecimentos; (b) representar graficamente estruturas simples e complexas; (c) comunicar ideias em níveis de complexidade crescente; (d) contribuir para a melhoria do ensino, da aprendizagem, da pesquisa e da avaliação, integrando conhecimentos novos aos já conhecidos; (e) explorar os conhecimentos dos estudantes para integrar configurar, diferenciar conceitos, analisar artigos, textos diversos, realizar experimentos de laboratórios, entre outros materiais didáticos tanto impressos quanto virtuais; (f) delinear os momentos subsequentes e logicamente ordenados do processo de pesquisa; (g) avaliar a compreensão dos conceitos utilizando o mapa conceitual como instrumento avaliativo. (pp. 54-55)

Em síntese, é importante salientar a dimensão processual das técnicas de ensino e, no caso do uso dos mapas conceituais como abordagem didática, a importância do processo de construção em relação ao próprio produto, porque habilidades complexas de percepção global do conhecimento, a criatividade e o senso crítico são fundamentais no processo de criação e organização das ideias e, especificamente por essa razão, torna-se possível dizer que os mapas conceituais transformam o conhecimento sistematizado em conteúdos curriculares e de ensino, configurando-se, assim, mais uma característica relevante na configuração de novos significados experimentados na sua realização.

Seguindo a mesma perspectiva, o capítulo 3 traz o texto "O ensino por meio da resolução de problemas", escrito por Ângela I.L.F. Dalben, abordando as possibilidades do ensino quando mediado e motivado por problemas, perguntas e questionamentos de interesse dos estudantes, fruto de circunstâncias reais e de vivências socioculturais. Nessa perspectiva, a autora defende o uso da técnica por permitir construir

> interações mais dialógicas em sala de aula, movidas pelo desejo do conhecimento, mais éticas porque mediadas por um objetivo comum, e mais críticas porque construídas num campo conceitual amplo e conectado por múltiplas possibilidades de criação lógica. (2013, p. 71)

Na sequência, o capítulo 4, escrito por Meirecele Calíope Leitinho e Claudia Christina Bravo e Sá Carneiro, "Aprendizagem baseada em problemas: Uma abordagem pedagógica e curricular", traz a discussão do PBL (*problem based learning*) na compreensão de ser uma alternativa ativa, focada no estudante e no desenvolvimento da autonomia, criatividade, capacidade de reflexão e nas habilidades comunicativas. As autoras trabalham o PBL como uma abordagem educacional e uma filosofia curricular.

O capítulo 5, "Casos de ensino e estudos de caso: Técnicas para formar professores de qualidade", escrito por Ana Lúcia Amaral, apoia-se nas contribuições de autores que, como ela, se dedicaram aos desafios e aos dilemas da formação docente. Elenca duas técnicas fundamentais que lançam luzes sobre a questão. A técnica de *casos de ensino* consiste na apresentação de uma situação real ou fictícia a ser discutida e analisada pelos participantes, permitindo que inúmeras possibilidades de análise, problematizações e perspectivas sejam levantadas, oferecendo um caminho, defendido por pesquisadores como Schön, na linha da formação de professores reflexivos. Já os *estudos de caso* trazem uma nuance da investigação qualitativa. Consistem na observação detalhada de um contexto, um indivíduo ou um acontecimento, com o objetivo de estudar em profundidade. Essa técnica dialoga como suporte teórico à formação docente na concepção do professor pesquisador, defendida por Zeichner nos anos de 1990.

Fechando o livro, o capítulo 7, de Joana Paulin Romanowski e Pura Lúcia Oliver Martins, "Técnicas de estudo para além da dimensão do fazer", traz uma discussão bastante inovadora, com fundamentos sociológicos, sobre o processo do aprender, considerando as experiências e a história de vida dos estudantes. Apoiando-se em Santos (2005, p. 151) que afirma "não devemos confundir assimilação de conteúdos para a realização de provas e exames com a apropriação de conteúdos para a vida", o texto reflete sobre as técnicas de estudo para aprendizagem individualizada, para aprendizagem interativa e em ambientes virtuais de aprendizagem. Conclui que toda técnica revela um eixo epistemológico orientador da organização e do desenvolvimento do ensino.

Finalizando...

A obra da professora Ilma Veiga pode ser considerada a grande referência *da didática, sobre a didática e para a didática.* Suas contribuições sempre acompanharam as necessidades de discussão dos temas contemporâneos da educação, trazendo reflexões importantes e pertinentes para a prática dos professores, fossem eles do ensino superior ou da educação básica. É possível dizer que Ilma, em suas produções e conforme a perspectiva construída por ela, com tamanha pertinência e conhecimento da realidade educacional e da escola brasileira, construiu a área da didática em suas diferentes nuances, evidenciando-a como o verdadeiro fundamento pedagógico da formação de professores. A discussão crítica das técnicas de ensino retirou os equívocos e os preconceitos criados ao longo dos debates históricos e revelou novas perspectivas e possibilidades. Pioneiramente trouxe à tona o tema projeto político-pedagógico e, com essa discussão, toda a sua obra revela a preocupação central e maior com a formação de professores, situando criticamente a didática e colocando-a como o eixo fundamental do trabalho para a aquisição da profissionalidade docente.

No que se refere à metodologia de sua produção, a obra de nossa autora tem um cunho de trabalho colaborativo e coletivo em torno da pedagogia histórico-crítica. Assim, suas contribuições vão além dos temas dos livros que ela mesma assina, porque muitos autores da Coleção Magistério: Formação e Trabalho Pedagógico foram convidados, a partir desse olhar perspicaz de Ilma Veiga, a disseminar a discussão da didática e da formação de professores no sentido de atingir realmente a prática de ensino dos diferentes níveis. Assim, é neste esforço importante que se considera Ilma Veiga a grande personagem da didática dos anos 2000. Não deixou que a produção clássica da área se perdesse e, colada à realidade prática, seja do ensino superior, seja da escola de educação básica, reconfigurou a sua discussão em torno da pedagogia crítica dos novos tempos.

Referências bibliográficas

ARAUJO, J.C.S. (1991). "Para uma análise das representações sobre as técnicas de ensino". *In*: VEIGA, I.P.A. (org.). *Técnicas de ensino: Por que não?*. Campinas: Papirus. (Coleção Magistério: Formação e Trabalho Pedagógico)

FERNANDES, C.M.B. (2013). "Prefácio". *In*: VEIGA, I.P.A. (org.). *Novas tramas para as técnicas de ensino e estudo*. Campinas: Papirus.

FREITAG, B. (1987). *Política educacional e indústria cultural*. São Paulo: Cortez/ Autores Associados.

GIROUX, H. (1988). *Teachers as intellectuals: Toward a critical pedagogy of learning*. Granby: Bergin & Garvey.

LEITE, L.H.A. (1996). "Pedagogia de projetos". *Revista Presença Pedagógica*, Belo Horizonte, v. 2, n. 8, mar.-abr.

PERRENOUD, P. (1999). *Construir as competências desde a escola*. Porto Alegre: Artes Médicas Sul.

SANTOS, O.J. (2005). *Fundamentos sociológicos da educação*. Belo Horizonte: Fumec.

SCHON, D. (2000). *Educando o profissional reflexivo: Um novo design para o ensino e a aprendizagem*. Porto Alegre: Artes Médicas.

VEIGA, I.P.A. (org.) (2010). *A aventura de formar professores*. Campinas: Papirus.

________ (2012). *Técnicas de ensino: Novos tempos, novas configurações*. 3ª ed. Campinas: Papirus.

________ (2013). *Novas tramas para as técnicas de ensino e estudo*. Campinas: Papirus.

VEIGA, I.P.A. e AMARAL, A.L. (orgs.) (2002). *Formação de professores: Políticas e debates*. Campinas: Papirus.

VEIGA, I.P.A. e SILVA, E.F. da (orgs.) (2010). *A escola mudou. Que mude a formação de professores!*. Campinas: Papirus.

ZEICHNER, K. (1992) "Novos caminhos para o '*practicum*': Uma perspectiva para os anos 90". *In*: NÓVOA, A. (coord.). *Os professores e sua formação*. Lisboa: Dom Quixote, pp. 115-138.

7
ELOS DA RELAÇÃO DIALÉTICA E DIALÓGICA NO PERCURSO FORMATIVO DE DOCENTES PESQUISADORAS

Ana Maria Iorio Dias
Isabel Maria Sabino de Farias
Silvina Pimentel Silva

Por favor, estou rogando, não me ofenda perguntando se esta história aconteceu. Escrever o que se vive é coisa de pouca ou nenhuma graça. O desafio está em viver o que se escreve...
Eduardo Galeano

O começo de tudo: Relações que tecem vida e formação

Nosso interesse pelo tema "formação docente na/para a educação superior", e para ela, começou quando ingressamos nesse nível da educação brasileira como professoras em IES públicas, notadamente em cursos de Pedagogia. Inquietava-nos não haver uma formação específica para a docência nesse nível, nem acompanhamento pedagógico ao longo do percurso realizado. Fizemo-nos docentes aprendendo com os alunos que tivemos e com os professores com quem convivemos. Aproximando-nos mais daqueles que lecionavam no campo da didática, buscávamos a inserção nesse campo (geral ou específico), lendo suas recomendações bibliográficas e publicações.

A nossa atuação docente também foi enriquecida com a pós-graduação *lato* e *stricto sensu* (especialização, mestrado, doutorado, pós-doutorado) voltada para a educação, mais especificamente para o ensino e a didática na educação básica e, posteriormente, com estudos voltados para a educação superior. Com o aporte teórico adquirido nesses percursos de formação, fomos nos aprofundando nessa temática, hoje tão discutida e de relevância reconhecida.

Nesse percurso, diversos autores despertaram em nós a paixão pelo estudo e pela pesquisa em relação à temática e nos auxiliaram a constituir ideias e ações voltadas para a formação docente para a educação superior. Esse percurso culminou com a realização de estágio pós-doutoral na UnB, no Programa de Pós-graduação em Educação, mais precisamente no Grupo de Estudos e Pesquisa sobre Docência Universitária e Inovações Pedagógicas (Prodocência), coordenado pela professora doutora Ilma Passos Alencastro Veiga.

Conhecemos a professora Ilma logo ao iniciar a nossa atuação docente, principalmente pelos artigos "Reflexões em torno do ensino e da pesquisa em didática" (Veiga 1990) e "A construção da didática numa perspectiva histórico-crítica da educação: Estudo introdutório" (Veiga 1993), mas sobretudo pelos livros: *Escola fundamental, currículo e ensino* (Veiga e Cardoso 1995), *A prática pedagógica do professor de didática* (Veiga 1999), *Repensando a didática* (Veiga 2004) e *Lições de didática* (Veiga 2006). Essas produções, entre outras que se seguiram com base na mesma concepção teórica traçada por Ilma Veiga, foram relevantes para a fundamentação de que necessitávamos para o exercício docente nas licenciaturas, compondo decisivamente a nossa formação em educação, currículo e ensino e abrindo espaço para novas leituras na área. Com esses encontros teóricos com a autora Ilma Veiga, a admiração intelectual foi se consolidando, alimentada por produções acadêmicas coerentes, consistentes e de grande significado e relevância conceitual, metodológica e prática.

A professora Ilma desencadeou também uma série de publicações sobre a docência na educação superior (Veiga 1998; Veiga e Castanho 2000; Veiga e Amaral 2001; Veiga, Araujo e Kapuziniak 2005), proporcionando reflexões e contribuições que marcaram o debate acadêmico nacional e a busca do significado do "ser docente" nesse contexto de atuação, um contributo para a constituição de profissionalidade, profissionalismo e profissionalização própria ao magistério na educação superior, ou, como ela mesma prefere, do "desenvolvimento profissional" do docente das IES. Nossas propostas de pós-doutoramento, por conseguinte, não poderiam ter outro foco, e a supervisora também tinha que ser a intelectual, docente e pesquisadora Ilma Passos Alencastro Veiga!

Assim, a discussão ensejada neste capítulo nos remete a pensar sobre ações formativas no contexto do desenvolvimento pessoal e profissional em ambientes educativos institucionais, precisamente na formação de professoras[1] formadoras pesquisadoras. As autoras desse escrito são, como já explicitado, três docentes cujos percursos formativos se entrecruzam, durante o estágio pós-doutoral, no encontro com Ilma Passos Alencastro Veiga, educadora e pesquisadora consolidada do campo da educação nacional. Tal relação de vida e de formação é tecida pelo movimento dialético do diálogo educativo, fio analítico que nos levará, neste texto pretexto, a revisitar as nossas concepções teóricas como ensinantes e aprendentes. Aqui consideraremos influências e contribuições do que vivemos nos espaços existenciais, em particular nos caminhos da formação de pesquisadores.

Nessa direção, registramos que as reflexões aqui anotadas, decorrentes de um tempo vivido (Dias 2009; Farias 2013; Silva 2013), encontram esteio no argumento de que o homem se eterniza por meio da produção de sua própria história. Cabe a ele criar as condições que lhe permitam ser dela sujeito, o que não faz sozinho. Incorpora nesse movimento a busca de significados nas coisas que vivencia ou vivenciou.

---

1. Embora as reflexões desse texto se dirijam à categoria social docente – professores e professoras –, nele adotamos o termo no feminino, uma vez que as pessoas diretamente envolvidas nesse escrito são docentes mulheres.

As experiências formadoras estão imbricadas pelo pensar, pelo refletir e sentir (Silva 2009). "A reflexão sobre aquilo que foi formador na minha vida é que me permite situar o que hoje penso e faço, reforça o espaço do sujeito consciencial capaz de se auto-observar e de refletir sobre si mesmo" (Josso 2004, p. 130). Assim, proporcionar uma ampla reflexão sobre o valor da profissão docente, e de conViver e aprender, são coisas que não se separam, já que vida, experiência e aprendizagem estão intrinsecamente ligadas, uma colaborando com a outra, pois simultaneamente vivemos, experimentamos, aprendemos e conhecemos (Moraes 2003).

Com esse pensamento, e tendo como ponto de partida nosso encontro com Ilma Passos Alencastro Veiga durante o estágio pós-doutoral na Universidade de Brasília (UnB), buscamos evidenciar a potência da relação dialética e dialógica na formação de pesquisadores e pesquisadoras. Essa potência, um dos contributos dessa formadora goiana de "mão cheia", que, com sua ação rigorosa, sistemática, problematizadora, acolhedora e pautada na colaboração entre pares, marcou a vida profissional de inúmeros docentes brasileiros, a exemplo das autoras deste texto, três professoras vinculadas a universidades públicas situadas no Nordeste brasileiro, precisamente na capital do Ceará. Consideramos que as ações de uma professora podem contribuir para o redimensionamento da vida de seus discentes ou propiciar a ressignificação de elementos evidenciados nas distintas concepções sobre a profissão que esses profissionais imprimem em suas experiências, bem como ressignificar os espaços e tempos formativos da docência nos diversos níveis e modalidades de ensino, isso compreendendo a experiência docente como fundante da sua própria formação.

Com base nessas provocações, parece-nos pertinente tecer algumas considerações sobre o que somos, o que aprendemos e com quem aprendemos, bem como sobre o que foi formador, nas circunstâncias de nossa vida, tendo como mote os caminhos da formação de pesquisadores e pesquisadoras. Esse desafio nos remete, *a priori*, a reconhecer a formação como "atividade humana inteligente, de caráter dinâmico, que reclama ações complexas e não lineares (...); um processo de desenvolvimento profissional e pessoal em que são fundamentais a colaboração e o envolvimento coletivo" (Farias *et al.* 2014, p. 68). Por ser assim, no processo de formação, deparamos com caminhos que alimentam os nossos aprendizados, permitindo-nos adentrar a dialética da realidade social, vivenciar, ampliar e fortalecer ensinamentos que constituem nossa identidade pessoal e profissional. No exercício da profissão, o aprender a ser profissional resulta de reconfigurações contínuas dos modos de exercer as atividades que desenvolvemos, refletindo sobre o que se faz e como se faz na busca da produção do conhecimento. Foi nessa perspectiva que as autoras deste texto enveredaram, respectivamente nos anos de 2009, 2012 e 2013, pelo estágio em pesquisa no âmbito da formação pós-doutoral em Educação na UnB, vivendo ativa e intensamente as situações de ensino e de aprendizagem propiciadas mediante a inserção no grupo de estudos e pesquisa Prodocência, liderado por Ilma Passos Alencastro Veiga.

É peculiar das condições de ensino e de aprendizagem a que somos submetidas na formação ao longo da vida, inicial ou continuada, no ensino regular, graduação ou pós-graduação, sofrermos influências de interesses científicos e ideológicos das concepções de mundo que se inserem nas concepções das mestras que foram nossas professoras. Se essas mestras foram adeptas de um ensino reprodutivo, a matriz teórica que lhe dá sustentação tende a matizar as experiências e os aprendizados proporcionados; contudo, se o exercício da reflexividade for a tônica da ação didática de nossas professoras formadoras, somos provocadas a revisar e reformular nossas concepções de mundo, aprendendo a dialogar, pelo movimento dialético da confrontação de ideias e do respeito à experiência do outro. Dessa maneira somos instadas pela transformação na busca do "ser mais". Nosso percurso com Ilma Veiga – antes, durante e após o pós-doutorado – foi marcado por uma relação entre ensinante e aprendente, eivada pela tônica dialética e dialógica de quem sabe que "quem ensina aprende ao ensinar e quem aprende ensina ao aprender" (Freire 1997, p. 25). Uma prática pedagógica de escuta e de problematização, que reconhece a autonomia de ser e de saber de suas aprendentes como sujeitos sociais e históricos; que rompe com relações de superioridade e, ao mesmo tempo, se posiciona como integrante do mesmo processo da construção da aprendizagem.

Parece-nos fundamental salientar esse traço do agir profissional da professora Ilma Veiga, formadora de outras professoras e pesquisadoras, sobretudo considerando que a experiência do pós-doutoramento lida com o aprimoramento da formação do pesquisador subsequente à obtenção do título de doutor, a qual, geralmente, se destina a profissionais com larga experiência de ensino e de pesquisa. Com efeito, essa experiência formativa é identificada como "um item extra na carreira acadêmica do professor" (Coraiola *et al.* 2011); um mecanismo de formação em pesquisa recente na história educacional brasileira, alçando visibilidade sobretudo nas quatro últimas décadas em face da crescente expectativa social por profissionais com alto nível de excelência em sua área de atuação e de progressivos avanços na organização da carreira universitária. Sob essa ótica, parece-nos lícito destacar o caráter arrojado, inovador e ousado de Ilma Veiga ao assumir o desafio de contribuir com o incremento da formação de pesquisadores desde os primórdios dessa oferta no cenário brasileiro. Além de aportar com sua prática de supervisão elementos constitutivos desse processo na universidade, evidencia seu compromisso histórico, ético e político com o campo da formação de professores e de pesquisadores em educação no país.

Aprender, ensinar, pesquisar e formar-se são elementos de um ideário da construção da nossa formação e de nossa identidade profissional. Veiga (2008, p. 17) nos ensina que o aprender a ser professor não se descola do "sentido que o profissional confere ao seu trabalho, definindo o que quer, o que não quer e o que pode como professor". O legado de Ilma Veiga, em sua vasta obra, nos remete a considerar a importância de a formação docente ter como princípio o desenvolvimento de pesquisadores mediados por uma relação dialética e dialógica que promova o desvelamento da realidade.

Tributamos à mestra Ilma Passos Alencastro Veiga, nossa supervisora no pós-doutorado na UnB, a consolidação de aprendizados preciosos, mais expressivamente, a convivência com o pensamento pedagógico progressista, com o exercício da autonomia, do diálogo, pilares do fortalecimento e do enriquecimento de nossas bases teóricas, renovando e ampliando concepções e práticas de formação e de pesquisa.

O encontro com Ilma Passos Alencastro Veiga

Somos, como já destacado no decorrer da seção anterior, três professoras universitárias, vinculadas a duas instituições públicas de ensino, ambas situadas em Fortaleza, no Ceará; duas pedagogas e uma psicóloga de formação, mas todas com formação em nível de pós-graduação *stricto sensu* em Educação. Os estudos sobre formação de professores, currículo, prática docente e inovação pedagógica são também outra convergência no ciclo de atuação profissional das três autoras desse texto. Esses elos, por assim dizer, teceram nosso encontro com Ilma Passos Alencastro Veiga.

O estágio pós-doutoral se desenvolveu por meio de reuniões com a supervisora, nas quais recebíamos sugestões de leitura para aprofundamento do tema da formação docente na educação superior e para ela, a fim de elaborar e desenvolver a proposta de pesquisa e aprofundar pesquisas em educação, integrando uma formação dialética e dialógica na formação de pesquisadores em educação.

Além das leituras realizadas, participávamos das reuniões do Grupo de Estudo e Pesquisa sobre Docência Universitária e Inovações Pedagógicas, com orientandos de mestrado, doutorado e pós-doutorado, além de colegas docentes da UnB. Também participamos de colóquios promovidos pela supervisora, dos seminários de discussão sobre leituras realizadas, das sessões conjuntas de discussão de textos lidos e de orientação dos projetos de mestrado e doutorado de seus orientandos, além de palestras sobre temas relevantes para a compreensão da docência e da pesquisa sobre a docência e a educação. Mesmo após a conclusão do período destinado ao pós-doutorado, permanecemos no grupo, de forma sistemática, dada a relevância para a nossa formação como pesquisadoras.

Do contato acadêmico ao convívio no estágio pós-doutoral, pudemos conhecer a grandeza de coração, mente e alma de Ilma Veiga: além de excelente supervisora, tutora, nós, que fazemos parte de seu seleto grupo de pesquisa, temos a honra de conhecer também a pessoa investida nessa profissional de excelência, desvelada na amiga, irmã e orientadora, aquela que se preocupa com todos os detalhes de um bom acolhimento acadêmico, pessoal e institucional.

Sob a inspiração da professora Ilma, também procuramos desenvolver atividades no grupo Prodocência, por ela coordenado, numa dimensão que reconhece o professor como um adulto e cujo desenvolvimento profissional se dá em contexto e em interação com pares. Nesse sentido, o grupo de pesquisa se configura como uma comunidade de aprendizagem (Alarcão 2007) e de desprivatização das práticas (Cochran-Smith 2012), sustentando, por conseguinte, a formação mediada por relações pedagógicas dialógicas e dialéticas. Participar das sessões ordinárias do grupo de pesquisa coordenado por Ilma Veiga propiciou a confrontação de saberes e fazeres como formadoras e pesquisadoras, fornecendo outros parâmetros acerca dessa dimensão da docência universitária. Atuamos ainda em outros espaços acadêmicos, instituindo a colaboração com os pares do grupo (em bancas de exames de qualificação e defesa, por exemplo), numa ampliação de rede de relações.

Nesse movimento colaborativo entre pares, aqui destacado como parte importante de nossa formação e atuação profissional, também participamos da concepção, da organização e da implantação da Rede Inter-regional Norte, Nordeste e Centro-Oeste sobre Formação Docente para a Educação Básica e Superior (Rides).[2] Esse processo associativo de docentes pesquisadores abriu caminho para a elaboração e a consolidação de eventos científicos já consolidados na agenda acadêmica da área, no caso o Encontro Inter-regional Norte, Nordeste e Centro-Oeste sobre Formação Docente para a Educação Básica e Superior (Enforsup) e o Encontro Internacional sobre Formação Docente para a Educação Básica e Superior (Interfor). O envolvimento em ações dessa natureza – redes e eventos de pesquisa – reforçam tais práticas e espaços como estratégias de formação de formadores que potencializa o modo de aprender desse adulto, propiciando oportunidades de diálogos, problematizações e análises no sentido de ampliar fronteiras.

Inserções e participações que, movidas pelo interesse e rigor científico, também não descuidaram da dimensão da pessoalidade das

2. A experiência da Rides, aliás, é objeto de análise de outro texto neste livro, escrito pelas professoras Claudia Christina Bravo e Sá Carneiro, Meirecele Calíope Leitinho e Liliane Campos Machado.

interações tecidas na ambiência da academia, marcadas por momentos de lazer e de descontração fomentadores de afetos e de encontros inesquecíveis! Podemos afirmar, sem sombra de dúvidas, que toda essa experiência foi significativa e formadora, permitindo nosso amadurecimento como pesquisadoras, educadoras e como pessoas.

Na perspectiva de situar essas convergências, destacamos, a princípio, que a escola universitária é campo robusto da formação das pessoas; é, paradoxalmente, espaço de reprodução, produção, criação e recriação de conhecimentos que ultrapassam a mera memorização. Noutros termos, ela pode se configurar tanto como lugar da educação que transmite padrões culturais já instituídos, como se legítimos fossem, como também da probabilidade de que cada pessoa encontre novas significações para compreender a realidade social. Os formadores de professores fazem parte e contribuem para o rompimento com visões limitadas ou distorcidas de educação, especialmente de pensar e fazer a formação de professores e pesquisadores nesse campo.

Esse entendimento nos remete ao encontro com a intelectual e pesquisadora Ilma Passos Alencastro Veiga, cujas marcas são explicitadas nas narrativas que seguem:

> A primeira vez que ouvi falar em Ilma Veiga foi na graduação, cursando Pedagogia. Tenho até hoje as duas obras dela que li naquela época, herdadas de uma tia que havia concluído anos antes o curso. Já estão amarelados pelo tempo esses dois livros, são eles: *Repensando a didática* (1988) e *A prática pedagógica do professor de didática* (1989). A primeira obra é uma coletânea organizada por Ilma e nela assina o texto "Didática: Uma retrospectiva histórica". Gosto demais desse livro e desse texto, pois ele despertou minha atenção para o campo da Didática e seus elementos constitutivos. A segunda obra é resultado da sua pesquisa de doutoramento, é um livro autoral, denso e que contextualiza o amplo debate em torno da Didática à época. Essas duas obras estão na base de minhas primeiras reflexões sobre Didática. (Isabel Sabino)

> Na minha experiência destaco aproximações com a história da Isabel. O *Repensando a didática* também foi importante obra para a minha relação com a didática. A princípio, com os estudos para realização

do concurso para admissão ao ensino superior, por conseguinte no preparo das aulas para o curso de graduação e pós-graduação. De modo geral, seus estudos têm sido importantes por oferecerem um arcabouço teórico relevante para a consolidação dos meus referenciais teóricos no preparo e exercício da docência. (Silvina Pimentel)

A primeira grande contribuição que os estudos de pós-doutorado trouxeram foi a possibilidade de nos debruçarmos mais sobre a (pouca) legislação existente[3] sobre formação docente para a educação superior. Essa formação ainda não se faz por profissionalização acadêmica formal, com cursos de graduação específicos, à semelhança de outras profissões existentes. Por isso é que, durante muito tempo, as Instituições de Ensino Superior (IES) pouco se preocuparam com a formação pedagógica de seus professores, acreditando que uma formação em pesquisa seria suficiente para a carreira universitária. Sem políticas explícitas de formação inicial e continuada, a consequência é que para ser professor de uma Instituição de Educação Superior (IES) basta ter o saber técnico – o que já se comprovou ser insuficiente. (Ana Iorio)

As narrativas chamam atenção, entre outros aspectos, para um importante artefato na formação de professores: o acesso aos livros, impressos (como eram naqueles idos da narrativa aqui socializada) ou digitais. Eles são vetores do pensamento, dos posicionamentos, das interrogações e das conquistas em um dado campo do conhecimento. O contato com essas "leituras de mundo" e, principalmente, o diálogo com suas ideias e seus argumentos evidenciam que a elaboração do conhecimento não acontece de maneira estática. O seu acontecer se desdobra num movimento dinâmico, em que a lógica dialética é mediadora do enfrentamento cognitivo em relação ao substrato teórico em análise mediante a comparação e a problematização em face da realidade percebida e vivida, reconfigurando a compreensão inicial.

A propósito, trabalhar numa perspectiva dialética supõe entender que a construção do conhecimento se pauta por uma dinâmica universal, não

---

3. Resolução n. 12/83, do CFE; a Resolução n. 03/99, da CES/CNE; a Resolução n. 1/2001, do CNE/CES; o Parecer n. 142/2001, da CES/CNE; e a Lei de Diretrizes e Bases da Educação Nacional, Lei n. 9394/96, entre outras.

limitada à visão sincrética inicial, opaca e nebulosa da compreensão advinda dos primeiros contatos com o objeto cognoscente. É com as articulações e as análises que vamos estabelecendo relações, extrapolando visões sincréticas, elaborando sínteses. Nesse embate, traçamos os rumos da apreensão dos fenômenos em suas múltiplas determinações e interpretações.

Tomar consciência desse processo de produção do conhecimento é a possibilidade para romper com as intencionalidades manifestadas ao longo da história da educação, respaldadas nos pressupostos da lógica neoconservadora. Assim acontecendo, configura-se um distanciamento como horizonte fomentador de uma práxis dialógica que se coloque a serviço da abertura de passagens para a produção de novos conhecimentos, a favor da emancipação dos indivíduos e de seus processos de humanização.

Nas trajetórias das autoras, o diálogo com a autora Ilma Veiga, por meio da leitura e discussão de suas obras, foi inspirador, enriquecedor e embasou a práxis dessas docentes nos contextos institucionais em que atuam. Essa aproximação, no decorrer dos anos, ensejou também a busca por outras possibilidades de interlocução, o que se concretizou por meio de eventos científicos nacionais (a exemplo do Endipe, da Anped e do Enforsup) e internacionais da área (Cidu, Congreprinci, entre outros tantos).

> *Vamos nos encontrar com nossos livros ambulantes!* Essa ideia marca a memória das minhas primeiras participações em eventos científicos nacionais... [risos]. Era assim que eu e minhas colegas de mestrado e doutorado nos referíamos à possibilidade de ver de perto os autores e autoras das obras que estudávamos à época. Conheci pessoalmente a professora Ilma Veiga na Anped, em Caxambu, ainda na década de 1990. Fiquei encantada com sua simplicidade, acolhimento e olhar pedagógico sobre a escola e o fazer docente. (Isabel Sabino)

> Uma lição importante que nos revela a professora Ilma Veiga: o desenvolvimento profissional implica desenvolvimento pessoal também, por isso deve ser entendido como um todo que integra domínio de conhecimentos, domínio de conhecimentos sobre o ensino, às atitudes face ao ato educativo, ao papel do professor e do aluno, às suas relações interpessoais, aos saberes ou competências envolvidos no ato pedagógico e ao processo reflexivo sobre as práticas do professor. (Ana Iorio)

> Comigo, guardo memórias desses acontecimentos. De alguns deles também participei. A professora Ilma, figura de destaque no meio educacional, incitava a nossa aproximação, pois a imagem que passava era de alguém simples e acolhedora. Suas ideias expressavam o seu respeito, a sua paixão pela educação, pela escola. Nenhuma decepção com os momentos em que nos encontramos em relação ao que dela imaginei. Isso me motivou a consultá-la para ser minha supervisora no pós-doutorado. Com a sua aquiescência a nossa satisfação para que fizesse parte desta caminhada, iniciada em 2013 e finalizada em 2014. A minha gratidão é o que posso lhe oferecer seja pelos aprendizados adquiridos, pela compreensão, por tudo de bom que me aconteceu nesse tempo, dizendo-lhe: você é uma verdadeira fada madrinha do bem. (Silvina Pimentel)

Com efeito, os eventos científicos têm se constituído "como espaço de formação de formadores" ao gerarem oportunidades de "interlocução, socialização das práticas e saberes produzidos, análise e prospecção de compreensões e possibilidades de enfrentamento dos problemas do ensino, do aprender e da docência, as quais têm assumido importante papel na aprendizagem docente" (Lima e Farias 2020, p. 160). Importante porque constituída a partir de relações horizontalizadas entre pares e de uma "forma crítica, reflexiva e significativa de desenvolvimento de uma práxis educativa, situada no contexto histórico, social, político, econômico e cultural" da escola e das demais instituições de formação, tendo como perspectiva a "emancipação dos sujeitos" que compõem essas comunidades, juntamente com os demais segmentos, setores e integrantes da sociedade (Therrien e Dias 2015, p. 15).

Os (re)aprendizados da formação pós-doutoral: À guisa de conclusão

Nesta seção, buscamos evidenciar, ainda que de modo breve, as lições aprendidas com a experiência do *pós-doc*, aqui compreendido como oportunidade de ampliação profissional e cultural orientado pelo diálogo autônomo com outras perspectivas e outros fazeres no campo da investigação educacional. Aliás, essa perspectiva foi incisivamente reforçada por Ilma Veiga quando dos contatos preparatórios para a realização desse estágio de pesquisa sob sua supervisão.

Consideramos ter desfrutado de uma experiência pós-doutoral vívida, intensa e diferenciada, que proporcionou oportunidades singulares e ricas de produção e de renovação profissional.

As práticas descritas, vividas no âmbito do pós-doutoramento, deram forma e sentido às relações dialéticas e dialógicas que sedimentaram o agir profissional de Ilma Veiga como formadora de pesquisadoras. Práticas que não apenas enriquecem essa oportunidade de socialização profissional, mas também, sobretudo, são constituidoras de uma perspectiva de formação de pesquisadoras e pesquisadores pautada na colaboração, no trabalho coletivo e na exploração das diversas *expertises* dos indivíduos que compõem o conjunto de pesquisadores (Farias *et al.* 2018).

Gostaríamos, ainda, de reafirmar que os momentos vivenciados por ocasião dos estudos de pós-doutorado permitiram que revíssemos, inclusive, a nossa função como orientadoras,[4] intensificando conceitos e ações de uma relação profissional, educativa, institucional, includente também da dimensão afetiva, sem ser condescendente ou piegas e sem o estímulo à dependência.

A ação docente acaba sendo algo solitário, quando deveria ser mais solidário, coletivo, compartilhado. Sozinhos, os docentes buscam soluções para as situações-problema vividas no seu cotidiano. Portanto, uma formação docente que se pretenda contínua deve também desenvolver práticas colaborativas, pois o professor precisa de muita ajuda para desenvolver um bom trabalho, ao mesmo tempo em que deve resguardar e potencializar a identidade docente na perspectiva de seu desenvolvimento profissional.

Ser professor exige saberes, conhecimentos, competências e habilidades que permitam a superação de um processo de ensino-aprendizagem reduzido à exposição-assimilação de conteúdos, resultando numa prática pedagógica repetitiva, desmotivante e descontextualizada;

4. Sobre esse assunto, ver Viana e Veiga (2009).

pressupõe compromisso com a aprendizagem do aluno, envolvendo não apenas o domínio do conteúdo específico, mas também as dimensões ética, afetiva, pedagógica, política, psicológica, sociocultural e profissional articulada ao mundo do trabalho.

Entendemos que as IES devem conceber, implementar e avaliar, preservando a sua autonomia institucional, políticas e programas de desenvolvimento profissional para a docência, como forma de promover a qualidade da educação superior, com vistas à indissociabilidade do ensino, da pesquisa e da extensão. Mas também compete, a cada IES, a definição de perfis profissionais, nos editais de concursos, coerentes com o projeto pedagógico do curso em que eles atuarão, além de estratégias de acompanhamento do docente em estágio probatório, a fim de analisar o seu processo de desenvolvimento profissional na instituição.

Por isso, a formação contínua e continuada é, ao mesmo tempo, um direito e um dever, tanto para a IES como para o docente. E, atualmente, a formação para o exercício profissional exige transformações permanentes e essenciais por parte da universidade, tornando imperiosa a construção de novos paradigmas de formação e do papel da universidade, de modo que ela possa assumir uma postura pró-ativa alargando, aprofundando e atualizando os campos dos saberes e de seus modos de produção. A atividade de ensino exige uma série de saberes, conteúdos, conhecimentos teórico-práticos, métodos de investigação tanto da área específica como da área pedagógica, e precisam ser articuladas com a integralização com o desenho curricular no qual se situa essa ação docente.

Consideramos que o desenvolvimento profissional docente deve ter como referência a formação inicial e continuada, bem como o exercício profissional docente, mediados por teoria e prática, por ensino e pesquisa, por saberes e competências; de modo a privilegiar, sobremaneira, a natureza e a especificidade inerentes ao fazer pedagógico. Urge, por conseguinte, ultrapassar fórmulas didáticas de como ensinar ou dar conselhos aos professores, passando a estabelecer a docência como profissão, caracterizada por elementos que a fundamentam e necessitam estar presentes nas competências dos professores do ensino superior. É mister enfatizar a natureza dos valores do ensino e a posição ética do docente, sem esquecer a formação, a reflexão pedagógica, a pesquisa, como dimensões essenciais do trabalho docente universitário.

A docência é uma profissão para cujo exercício é necessária formação específica, já que exige bem mais do que o conhecimento de um conteúdo específico. As atividades inerentes à docência envolvem relação professor-aluno, questões metodológicas, planejamento (de aulas, de curso, curricular), utilização de novas tecnologias no ensino, elaboração e implementação de instrumentos de avaliação, participação na elaboração do projeto pedagógico do curso, revisão curricular, articulação da disciplina com a totalidade do curso e com a realidade social e profissional, participação em processos avaliativos internos e externos, relações dialética e dialógica na pesquisa, para citar apenas algumas ações em que a dimensão pedagógica está fortemente presente.

Além disso, outra constatação, decorrente do que pudemos realizar no estágio pós-doutoral, é a de que a pós-graduação precisa integrar, à sua missão básica de formar o pesquisador, a responsabilidade de formação do professor de educação superior, articulando, expressamente, questões pedagógicas às que dizem respeito ao rigor dos métodos específicos de produção do saber, em perspectiva epistêmica.

Nenhuma teoria, por si só, consegue explicitar a realidade; entretanto, sem uma teoria, não se desenvolve o senso crítico do real, das relações cotidianas. Daí a importância de se ter uma leitura crítica e reflexiva de mundo: fazer pesquisa em educação não é simplesmente pôr em prática um elenco de procedimentos experimentais; envolve uma transformação no observar a realidade, implicando direcionamentos políticos e pedagógicos na ação docente. A ação é que transforma o real; por isso, a relevância de uma relação entre teoria e prática (práxis) que possa construir, explicar, refletir, organizar, criticar, analisar, compreender ou explicar uma realidade. Prática e teoria não podem estar dissociadas – e isso mostra a relevância da formação do professor pesquisador. O método dialético promove essa análise crítica do que se pesquisa, para que se possa situar as determinações que constituem o que é pesquisado. A perspectiva dialógica, por sua vez, é um "jeito de ser" (dialógico); une-se ao método dialético como uma forma de saber; além disso, inclui uma forma de agir (dialogicidade), envolvendo os princípios fundantes do diálogo: o ouvir, o compartilhar e o agir (Figueiredo e Silva 2012). Uma ação educativa, efetivamente, se constrói nesse processo de refletir criticamente, de escutar, de compartilhar sentidos e significados (Vygotsky 1996), por intermédio de ações concretas sobre a realidade.

Essa perspectiva vai requerer, além de educadores afeitos à investigação e aos questionamentos quanto aos rumos da sociedade, educadores que adotam e criam práticas pedagógicas, uma nova organização curricular permeável às transformações em curso, interdisciplinar, privilegiando a articulação teoria-prática.

Os argumentos apresentados implicam uma releitura da profissão docente no cenário de uma instituição pública, reafirmando identidades regionais, estabelecendo a dimensão político-cultural para formação dos profissionais da docência no ensino superior, apoiando-se na concepção de que a transformação da prática do professor decorre da ampliação de sua consciência crítica e de reflexão sobre essa mesma prática.

Todavia, a ausência de uma formação permanente, incidente sobre situações do professorado e que possibilite o movimento dialético constante entre o aprender e o desaprender para reaprender, faz com que esse quadro se agrave. É preciso, pois, uma política institucional para a formação docente (como um conjunto de atividades, programas de todos os setores da instituição, centrados em torno de um objetivo comum). Uma política acolhedora da diversidade de ideias e de ações, que atue com agilidade, clareza, visibilidade, competência, ética, flexibilidade e adaptação diante das especificidades e das mudanças. Uma política que estimule a participação coletiva, que exercite a criatividade, a capacidade de inovação e a interdisciplinaridade, e que mantenha o comprometimento institucional, a credibilidade, o compromisso com a sociedade e a qualidade de formação docente. Uma política, enfim, que garanta disponibilidade de recursos financeiros para execução de ações públicas como área estratégica do planejamento de uma instituição educacional.

Referências bibliográficas

ALARCÃO, I. (2007) *Professores reflexivos em uma escola reflexiva.* 5ª ed. São Paulo: Cortez. (Coleção Questões da Nossa Época)

COCHRAN-SMITH, M. (2012). "A tale of two teachers: Learning of teach over time". *Kappa Delta Pi Record*, Indianápolis, v. 48, n. 3, jul.-set., pp. 108-122.

CORAIOLA, D.M. *et al.* (2011). "Pós-doutorado na formação dos docentes de programas de pós-graduação em Administração no Brasil: Perfil e configuração". Encontro de Ensino e Pesquisa em Administração e Contabilidade, 3, João Pessoa. *Anais*.... João Pessoa: Anped. [Disponível na internet: http://www.anpad.org.br/admin/pdf/EnEPQ435.pdf, acesso em 3/8/2021.]

DIAS, A.M.I. (2009). "Relatório das atividades realizadas, em estágio pós-doutoral em Educação: Área de desenvolvimento profissional docente". Realizado no PPGE da Faculdade de Educação, no período de 1/10/2008 a 30/9/2009. UnB: Brasília, out., 38 p. (Mimeo.)

FARIAS, I.M.S. de (2013). "Como ensinam professores que pesquisam?". Relatório de pesquisa pós-doutoral. UnB: Brasília, 66 p. Tomo I.

FARIAS, I.M.S. de *et al.* (2014). *Didática e docência: Aprendendo a profissão.* 4ª ed. Brasília: Liber Livro.

________ (2018). *Pesquisa em rede: Diálogos de formação em contextos coletivos de conhecimento.* Fortaleza: EdUece.

FIGUEIREDO, J.B.A. e SILVA, C.R. da (2012). "Contributos para a formação do Educador(a) numa perspectiva freireana descolonializante: Um estudo de caso". *Visão Global*, Joaçaba, v. 15, n. 1-2, jan.-dez., pp. 115-134.

FREIRE, P. (1997). *Cartas à Cristina: Reflexões sobre minha vida e práxis.* São Paulo.

JOSSO, M.-C. (2004). *Experiências de vida e formação.* São Paulo: Cortez.

LIMA, M.S.L. e FARIAS, I.M.S. de (2020). "A didática e a prática de ensino: Questões contemporâneas em debate". *In*: CANDAU, V.M.; CRUZ, G.B. e FERNANDES, C. (orgs.) (2020). *Didática e fazeres-saberes pedagógicos: Diálogos, insurgências e políticas.* Petrópolis: Vozes, pp. 158-176.

MORAES, R. (2003). "Uma tempestade de luz: A compreensão possibilitada pela análise textual discursiva". *Revista Ciência e Educação*, Bauru, v. 9, pp. 191-211.

SILVA, S.P. (2009). *Histórias de formação em grupos de iniciação científica: Trajetórias da Uece e da UFC (1985 a 2005).* Fortaleza.

________ (2013). *Docência universitária e pesquisa: Contradições e possibilidades. Relatório de Pesquisa Pós-Doutoral.* UnB: Brasília, Tomo I.

THERRIEN, J. e DIAS, A.M.I. (2015). "Introdução". *In*: SALES, J.A.M. de *et al.* (orgs.). *A didática e a prática de ensino na relação com a sociedade.* Fortaleza: EdUece, pp. 15-16.

VEIGA, I.P.A. (1990). "Reflexões em torno do ensino e da pesquisa em didática. *In*: RAYS, O.A. (org.). *Leituras para repensar a prática educativa*. Porto Alegre: Sagra, pp. 152-175.

_______ (1993). "A construção da didática numa perspectiva histórico-crítica da educação: Estudo introdutório". *In*: OLIVEIRA, M.R.N.S. (org.). *Didática: Ruptura, compromisso e pesquisa*. Campinas: Papirus, pp. 79-96.

_______ (1999). *A prática pedagógica do professor de didática*. Campinas: Papirus.

_______ (2008). "Docência como atividade profissional". *In*: VEIGA, I.P.A. e D'ÁVILA, C. (orgs.). *Profissão docente: Novos sentidos, novas perspectivas*. Campinas: Papirus, pp. 13-21.

VEIGA, I.P.A. (coord.) (2004). *Repensando a didática*. Campinas: Papirus.

VEIGA, I.P.A. (org.) (1998). *Caminhos da profissionalização do magistério*. Campinas: Papirus.

_______ (2006). *Lições de didática*. Campinas: Papirus.

VEIGA, I.P.A. e AMARAL, A.L. (orgs.) (2001). *Formação de professores: Políticas e debates*. Campinas: Papirus.

VEIGA, I.P.A. e CARDOSO, M.H.F. (orgs.) (1995). *Escola fundamental, currículo e ensino*. Campinas: Papirus.

VEIGA, I.P.A. e CASTANHO, M.E. (orgs.) (2000). *Pedagogia universitária: A aula em foco*. Campinas: Papirus.

VEIGA, I.P.A.; ARAUJO, J.C.S e KAPUZINIAK, C. (2005). *Docência: Uma construção ético-profissional.* Campinas: Papirus.

VIANA, C.M.Q.Q. e VEIGA, I.P.A. (2009). "Os desafios da relação orientador-orientando para a produção acadêmica na ótica dos orientadores". *In*: DIAS, A.M.I. *et al.* (orgs.) (2009). *Desenvolvimento profissional docente na educação superior: Entre redes e sentidos*. Fortaleza: Edições UFC, pp. 41-56.

VYGOTSKY, L.S. (1996). *Pensamento e linguagem*. São Paulo: Martins Fontes.

8
O DIÁLOGO COM O PROJETO POLÍTICO-PEDAGÓGICO DA ESCOLA

Rosana César de Arruda Fernandes

Ninguém caminha sem aprender a caminhar, sem aprender a fazer o caminho caminhando, refazendo e retocando o sonho pelo qual se pôs a caminhar.
Freire (1987)

Inicio este capítulo com Paulo Freire pela riqueza da ideia de construção do caminho e do sonho e que expressa, também, a importância da trajetória de vida pessoal e acadêmica da professora Ilma Veiga, compartilhada por meio de suas publicações, de seminários, de palestras e de tantas outras formas, com muitos profissionais da educação.

Um desses caminhos e sonhos que podemos destacar refere-se às reflexões acerca do projeto político-pedagógico (PPP) da escola básica que permeiam seus estudos e suas pesquisas como uma das principais referências em nosso país. Esse tema se torna fundante para a construção de uma escola que se contraponha à lógica mercadológica que fomenta a precarização da formação de crianças, jovens e adultos. Historicamente, educação e trabalho estão subordinados às demandas sociais de produção e, quando desprovidos de reflexão crítica sobre esse contexto sociopolítico e econômico, muitos profissionais a reproduzem no interior da escola. As obras de Ilma Veiga suscitam essa reflexão.

Suas contribuições teóricas contemplam a discussão dos fins da educação e da função social da escola que não pode estar a serviço dessa precarização com vistas, unicamente, à preparação para servir ao mercado do trabalho. O engajamento político e pedagógico de Veiga coloca em questão a organização do trabalho pedagógico, que contempla o currículo, a avaliação, a concepção de ensino-aprendizagem, a gestão, a formação e outros elementos sistematizados pelo projeto político-pedagógico, desfavorável aos estudantes por não atender a seus interesses, necessidades e expectativas em relação à educação e à escola. A escola, nessa esteira de produção, desenvolve ações fragmentadas, trabalho individualizado e gestão centralizadora, questões problematizadas em seus textos.

Considerando a relevância do tema para a formação inicial e continuada de professores(as) e o protagonismo da escola frente à construção do seu PPP, a professora Ilma Veiga participou de uma palestra sobre os pressupostos do projeto pedagógico, proferida por Moacir Gadotti na Conferência Nacional de Educação para Todos, em Brasília, no período de 28 de agosto a 2 de setembro de 1994, em um contexto de discussões sobre as políticas para a educação básica e superior e elaboração de uma lei que foi, posteriormente, promulgada como Lei de Diretrizes e Bases da Educação Nacional (LDBEN) – Lei n. 9.394, de 20 de dezembro de 1996. As reflexões geradas pelas discussões nesse evento, com a experiência e os estudos sobre a educação, despertaram o interesse da professora Ilma Veiga em aprofundar esses estudos e pesquisas e identificar a relevância, naquele contexto vivido, da produção de um livro que reunisse artigos sobre o projeto político-pedagógico. Assim, o primeiro livro foi organizado por Ilma Veiga, compondo a Coleção Magistério: Formação e Trabalho Pedagógico, e foi intitulado *Projeto político-pedagógico da escola: Uma construção possível*, publicado em 1995, pela Papirus.

Nessa trajetória de estudos, pesquisas e compartilhamentos de reflexões acerca do PPP, Ilma Veiga tem vasta participação em eventos acadêmicos: congressos nacionais e internacionais, seminários, conferências, simpósios, colóquios, fóruns, palestras e encontros como Anped, Endipe, Epeco, Anpae e Enforsup. No período de 2001 a 2017, foram, aproximadamente, 48 participações específicas com o tema projeto pedagógico.

As obras com o tema PPP de autoria de Ilma Veiga somam 12 capítulos, e um deles em parceria com outro autor, tendo os seguintes títulos:

- VEIGA, I.P.A. (1995). "Projeto político-pedagógico da escola: Uma construção coletiva". *In*: VEIGA, I.P.A. *Projeto político-pedagógico da escola: Uma construção possível*. Campinas: Papirus.
- VEIGA, I.P.A. (1998). "Perspectivas para reflexão em torno do projeto político-pedagógico". *In*: VEIGA, I.P.A. e RESENDE, L.M.G. de (orgs.). *Escola: Espaço do projeto político-pedagógico*. Campinas: Papirus.
- VEIGA, I.P.A. (2000). "Projeto político-pedagógico: Continuidade ou transgressão para acertar?". *In*: CASTANHO, S. *et al*. (orgs.). *O que há de novo no ensino superior: Do projeto pedagógico à prática transformadora*. 2ª ed. Campinas: Papirus.
- VEIGA, I.P.A. (2001). "Projeto político-pedagógico: Novas trilhas para a escola". *In*: VEIGA, I.P.A. e FONSECA, M. (orgs.). *As dimensões do projeto político-pedagógico*. 12ª ed. Campinas: Papirus.
- VEIGA, I.P.A. (2001). "O cotidiano da aula universitária e as dimensões do projeto político-pedagógico". *In*: CASTANHO, S. *et al*. (orgs.). *Temas e textos em metodologia do ensino superior*. 2ª ed. Campinas: Papirus.
- VEIGA, I.P.A. (2004). "Projeto político-pedagógico: Um documento e um movimento participativo". *In*: VEIGA, I.P.A. *Educação básica: Projeto político-pedagógico; Educação superior: Projeto político-pedagógico*. Campinas: Papirus.
- VEIGA, I.P.A. (2004). "Projeto político-pedagógico do ensino médio como expressão da gestão democrática". *In*: VEIGA, I.P.A. *Educação básica: Projeto político-pedagógico; Educação superior: Projeto político-pedagógico*. Campinas: Papirus.

- VEIGA, I.P.A. "Projeto político-pedagógico na universidade e a parametrização do MEC". *In*: VEIGA, I.P.A. *Educação básica: Projeto político-pedagógico; Educação superior: Projeto político-pedagógico*. Campinas: Papirus.
- VEIGA, I.P.A. (2004). "Projeto pedagógico de formação e desenvolvimento profissional de professores: Subsídios para construção e avaliação". *In*: VEIGA, I.P.A. *Educação básica: Projeto político-pedagógico; Educação superior: Projeto político-pedagógico*. Campinas: Papirus.
- VEIGA, I.P.A. (2004). "Um breve panorama da pesquisa sobre projeto político-pedagógico". *In*: VEIGA, I.P.A. *Educação básica: Projeto político-pedagógico; Educação superior: Projeto político-pedagógico*. Campinas: Papirus.
- VEIGA, I.P.A. (2007). "Conselho escolar e projeto político-pedagógico". *In*: VEIGA, I.P.A. (org.). *Quem sabe faz a hora de construir o projeto político-pedagógico*, v. 1. Campinas: Papirus, pp. 113-129.
- VEIGA, I.P.A. e ARAUJO, J.C.S. (2007). "O projeto político-pedagógico: Um guia para a formação humana". *In*: VEIGA, I.P.A. (org.). *Quem sabe faz a hora de construir o projeto político-pedagógico*, v. 1. Campinas: Papirus, pp. 113-129.

Das publicações em periódicos, destacam-se:

- "A escola em debate: Gestão, projeto político-pedagógico e avaliação". *Retratos da Escola*, v. 7, pp. 159, 2013.
- "(Re)significação do projeto político-pedagógico no projeto de cidade". *Gestão em Ação* (Salvador), UFBA, v. 8, n. 1, pp. 7-16, 2005.
- "Inovações e projeto político-pedagógico: Uma relação regulatória ou emancipatória?". *Cadernos do Cedes (Unicamp)*, Campinas, v. 23, n. 61, pp. 267-281, 2003.

Dessa trajetória de estudos, pesquisas e publicações, saliento cinco livros organizados por Ilma Veiga, sendo um de sua autoria. No primeiro livro sobre o tema – *Projeto político-pedagógico da escola: Uma construção possível* –, o capítulo de autoria de Ilma Veiga intitula-se "Projeto político-pedagógico da escola: Uma construção coletiva". Um dos aspectos relevantes desse capítulo refere-se aos artigos da Lei n. 9.394/1996 em relação aos projetos político-pedagógicos, quando apresenta, no Art. 12, a incumbência dos estabelecimentos de ensino na elaboração e na execução de uma proposta pedagógica e, no Art. 13, a incumbência dos docentes na participação da elaboração da proposta pedagógica das escolas. A responsabilidade das escolas e dos docentes na elaboração, na implantação e na avaliação do PPP fortalece o resgate das instituições educacionais como lugar de discussão sobre os fins da educação e função social da escola, como ponto de partida para a construção coletiva do seu projeto.

Esse processo coletivo de debate e elaboração do PPP, como sinaliza a autora no capítulo, necessita ter como fundamento alguns princípios, pois não almejamos qualquer projeto, mas um projeto emancipador e, para tanto, a autora elenca igualdade, qualidade, gestão democrática, liberdade e valorização do magistério como aspectos relevantes da discussão. Não basta considerar que instituições escolares contam com garantias para a construção do seu projeto, ou seja, a garantia legal é importante, mas, a partir dela, necessitamos buscar princípios norteadores com vistas à construção de um projeto que esteja voltado aos interesses de todos os estudantes, principalmente daqueles que se encontram em situação de exclusão em nossa sociedade.

Construir, coletivamente, o PPP, sem ter clareza dos fins da educação e da função social da escola no contexto sociopolítico e econômico de nossa sociedade, reforça ideias de projetos pedagógicos com fundamento frágil e ações fragmentadas. Esse capítulo da autora contribui para que os profissionais da educação rompam com concepções de projetos pedagógicos centralizadores pautados na gestão empresarial, que desconsideram a história local das instituições.

Buscando dar elementos para a construção do PPP que faça frente à lógica empresarial, Ilma Veiga apresenta sete elementos constitutivos do trabalho pedagógico, como um todo, e que compõem o projeto, e organiza o seu processo de construção coletiva, sendo a finalidade da escola o primeiro deles. A relevância desse princípio está no fato de que a escola precisa refletir sobre suas ações, pois todo projeto pedagógico da escola "é, também, um projeto político por estar intimamente articulado ao compromisso sociopolítico com os interesses reais e coletivos da população majoritária. É político no sentido de compromisso com a formação do cidadão para um tipo de sociedade" (Veiga 1995, p. 13). Além das finalidades da escola, são destacados como elementos a serem discutidos, coletivamente: a estrutura organizacional, o currículo, o tempo escolar, o processo de decisão, as relações de trabalho e a avaliação.

Essas reflexões que Ilma Veiga apresenta sobre o projeto político-pedagógico representam outra possibilidade para as escolas repensarem seus projetos, pois sistematizam outra concepção de PPP que rompe com concepções empresariais de planejamento e fortalece vários aspectos do trabalho escolar, como: a construção coletiva e colaborativa, por dentro da escola; a importância da consciência de princípios emancipadores de planejamento; os processos democráticos de gestão; o protagonismo dos docentes e da comunidade escolar e a valorização da escola como espaço de reflexão crítica sobre sua finalidade.

Escola: Espaço do projeto político-pedagógico, organizado por Ilma Veiga e Lúcia Resende, publicado em 1998 pela Papirus, é o segundo livro referência do tema, após a promulgação da LDB de 1996. Retomando a importância da reflexão crítica sobre os fins da educação e da função social da escola, com a base legal das diretrizes aprovadas, a autora publica o capítulo "Perspectivas para reflexão em torno do projeto político-pedagógico". A autora retoma o protagonismo de todos os envolvidos com o processo educativo e a importância da diversidade "de crenças, convicções, conhecimentos da comunidade escolar, do contexto social e científico, constituindo-se em compromisso político e pedagógico coletivo" (Veiga 1998, p. 9).

A autora destaca a importância da análise dos contextos internos e externos e sua relação de interdependência quando propõe a ação de repensar a estrutura de poder da escola que implica refletir sobre os mecanismos de gestão escolar além da organização do trabalho pedagógico. Dessa forma, apresentando os caminhos possíveis, destaca quatro dimensões básicas que se articulam entre si: a administrativa, a financeira, a jurídica e a pedagógica, e evidencia as implicações em relação aos direitos e aos deveres (Veiga 1998).

Nesse capítulo, Ilma Veiga nos apresenta os seguintes pressupostos norteadores do PPP: filosófico-sociológico, epistemológico e didático-metodológico. Para cada pressuposto, indica indagações para reflexão na comunidade escolar e, assim, vai delineando caminhos para a construção do projeto político-pedagógico, em três atos: o situacional, o conceitual e o operacional. Com isso, pontua a avaliação como ponto de partida, no ato situacional, e como acompanhamento no ato conceitual e operacional, ou seja, a avaliação permeando todo o processo coletivo de construção e implantação do PPP.

Algumas sugestões para "qualificar as ações mobilizadoras e propulsoras de novas maneiras de pensar e fazer o PPP" são feitas ao final do capítulo, fortalecendo dessa forma o processo coletivo. Essas sugestões destacam o papel social da escola de educar/ensinar/aprender; a organização curricular; a valorização dos profissionais da educação por meio da formação inicial e continuada; a diversidade e a historicidade dos sujeitos, as instâncias colegiadas em todos os níveis e outros.

O terceiro livro importante sobre o tema intitula-se *As dimensões do projeto político-pedagógico.* Organizado por Ilma Veiga e Marília Fonseca, foi publicado em 2001 pela Papirus, e o capítulo "Projeto político-pedagógico: Novas trilhas para a escola" é de autoria de Ilma Veiga. Com o intervalo de três anos da última publicação, em livro, sobre esse tema e imersa no cenário político marcado pela política neoliberal, que lidera as mudanças na legislação que regula o funcionalismo público, implanta indicadores de avaliação nacionais e outras ações alinhadas à política neoliberal, a autora traz à tona a importância de buscar novas trilhas para a escola como instituição social cujo compromisso central é a educação de crianças, jovens e adultos (Veiga 2001a) com qualidade social.

Para tanto, a autora propõe a reflexão sobre a construção do projeto político-pedagógico pautada em duas visões antagônicas: a estratégica (que estava em destaque, à época) e a emancipadora (em contraposição à lógica empresarial). Ao detalhar o que caracteriza o PPP na visão estratégico-empresarial, Ilma Veiga traz importantes contribuições no sentido de sistematizar essas características do planejamento estratégico, no contexto que defendia a Qualidade Total e o programa Fundescola/MEC.

A visibilidade dada a esses aspectos possibilitou o reconhecimento, pelos profissionais da educação, das intencionalidades da política neoliberal para a educação revestidas pelo discurso do planejamento estratégico. Desse modo, a autora deixa claros os pressupostos que embasam essa concepção como possibilidade de resistência a esse projeto e de busca de outros caminhos e outras possibilidades.

O quarto livro – *Educação básica: Projeto político-pedagógico; Educação superior: Projeto político-pedagógico* – reúne dez capítulos, sendo cinco voltados para a educação básica e cinco voltados para a educação superior, mas que não estão dissociados, mas muito mais voltados para a tessitura do tema. Nesse livro, na parte da educação básica, Ilma Veiga recupera três artigos já publicados em outras obras e outros dois capítulos, "Projeto político-pedagógico: Um documento e um movimento participativo" e "Projeto político-pedagógico do ensino médio como expressão da gestão democrática", que ainda não tinham sido publicados.

O primeiro que destaco é o "Projeto político-pedagógico: Um documento e um movimento participativo", em que os pontos centrais para a reflexão sobre o PPP são retomados, quais sejam: as finalidades da educação, o papel social da escola e a clara definição dos caminhos a serem percorridos; e sinaliza o instituído e o instituinte como dimensões desse processo para sua construção coletiva.

O projeto político-pedagógico como documento representa um processo de elaboração das intencionalidades da comunidade escolar que se configura como o documento de identidade da escola; registro importante para sua publicização que garante o acesso a todos os integrantes da comunidade escolar. Ilma Veiga destaca que esse "PPP como documento-produto" (2004a) não fica acabado quando se torna público, mas se constitui uma carta de intenções que orienta o movimento participativo da escola. O PPP, quando implementado, passa por transformações, pois os atores e a vivência cotidiana vão imprimindo outras nuances ao projeto que também é ação cotidiana e permeia por disputas e, nas palavras de Veiga (2004a, p. 78), é

> nesse embate que se originam os conflitos, as tensões, rupturas, propiciando a construção de novas formas de relações de trabalho (...). Portanto, é um movimento complexo de debate, cuja concepção demanda não só tempo, mas também estudo, reflexão e aprendizagem de trabalho coletivo.

É na ação cotidiana que as intencionalidades ganham materialidade e as aprendizagens são construídas, seja por meio do trabalho pedagógico da escola como um todo, seja por meio do trabalho interativo entre professor e estudantes na aula. Esse é o PPP, movimento que a autora sinaliza e que se constitui fundamental como processo de (re)elaboração, execução e avaliação contínuos.

Essa relação entre o PPP como documento e o PPP como movimento foi apresentada por Ilma Veiga de maneira muito criativa no Seminário do Pacto Nacional pela Alfabetização na Idade Certa (PNAIC),[1] na cidade de Taguatinga-DF, em 2013. Como apresentação cultural, os organizadores do evento convidaram uma escola classe, integrante da Regional de Ensino de Ceilândia-DF, para apresentação da "Dança do Pau de Fitas".[2] Além de abrilhantar o evento, a Dança do

---

1. O Pacto Nacional pela Alfabetização na Idade Certa é um compromisso assumido pelos governos federal, do Distrito Federal, dos estados e dos municípios, desde 2012, para atender à Meta 5 do Plano Nacional da Educação (PNE), que estabelece a obrigatoriedade de "alfabetizar todas as crianças, no máximo, até o final do 3º (terceiro) ano do ensino fundamental".
2. De origem Ibérica, a Dança do Pau de Fitas é uma dança de roda, que envolve um mastro enfeitado, de aproximadamente 3 metros de altura e longas fitas multicoloridas, que são presas em seu topo, respeitando o número de pessoas que participam. Durante a dança, os participantes vão se movimentando em zigue-zague, trançando as fitas no mastro até que fique impossível prosseguir. Após o trançado,

Pau de Fitas foi utilizada, simbolicamente, pela professora Ilma Veiga para abordar o tema "projeto pedagógico".

Em sua analogia, a professora foi estabelecendo as correlações possíveis entre a dança e a construção do PPP nas escolas. O mastro central que sustenta as fitas corresponderia ao PPP como documento que é a diretriz da ação educativa escolar instituída pela gestão superior e amparada pela LBD 9.394/1996. As fitas coloridas seriam os projetos temáticos, representando a diversidade de interesses e dos atores presentes na comunidade escolar. Os estudantes segurando as fitas e concretizando os movimentos da dança, de forma sincronizada, em que todos são responsáveis pelo trançado das fitas, representariam o PPP como movimento que parte do instituído e se materializa como instituinte na dança coletiva.

Essa correspondência entre a Dança do Pau de Fitas e o projeto político-pedagógico, elaborada pela professora Ilma Veiga, foi fundamental na discussão do tema nesse evento acadêmico. Primeiramente, o destaque dado à dança como expressão cultural e a possibilidade de reflexão pela analogia, tão criativamente construída, facilitam a compreensão e a reflexão crítica dos participantes acerca do PPP como documento e como movimento. Nela foi destacada a dinamicidade do cotidiano escolar e do movimento presente na organização do trabalho pedagógico colaborativo na construção do projeto da escola básica.

O outro capítulo que destaco do livro *Educação básica: Projeto político-pedagógico; Educação superior: Projeto político-pedagógico* intitula-se "Projeto político-pedagógico do ensino médio como expressão da gestão democrática". Nesse capítulo, a autora aborda a implementação de políticas para mudanças no ensino médio contextualizando-as no cenário de reformas do Estado e as educacionais ocorridas nos anos

---

é feito o movimento contrário, destrançando as fitas. Todos esses movimentos são seguidos de acordo com o ritmo de instrumentos musicais, como sanfona, violão e pandeiro. [Disponível na internet: https://guiafloripa.com.br/cultura/folclore/danca-do-pau-de-fitas.]

de 1990 com vistas à realidade mundial voltada para a flexibilidade e descentralização de serviços (Veiga 2004b).

Nesse cenário, a autora apresenta o PPP como expressão da gestão democrática que se caracteriza como movimento pela democratização da escola e como possibilidade de valorização e inclusão da diversidade relacionada aos anseios dos estudantes em contraposição às desigualdades educacionais. Apresenta, também, por ser integradora e coletiva, a construção do PPP como espaço-tempo gerador de um clima de confiança e diálogo que envolve dimensões humanas cognitivas, estéticas, éticas, emocionais e outras.

Na segunda parte do capítulo, a autora apresenta os elementos básicos para análise da importância do PPP das escolas do ensino médio, quais sejam: as finalidades expressas na legislação educacional; o currículo; a avaliação; a formação inicial e continuada de professores.

Finalizando o capítulo, a autora apresenta sugestões para repensarmos o projeto de escolas do ensino médio que permeiam os níveis de planejamento macro, meso e micro. Entre as sugestões estão: acompanhamento das propostas políticas que comprometam a qualidade democrática da educação; realização de estudos para o confronto entre o discurso político e o cotidiano da escola; estudos e discussões acerca da organização curricular, por área e avaliação; reflexões acerca da identidade do ensino médio (Veiga 2004b).

Quem sabe faz a hora de construir o projeto político-pedagógico é o título do quinto livro sobre o tema, organizado por Ilma Veiga e publicado em 2007. Nesse livro encontramos um texto seu que se intitula: "Conselho escolar e projeto político-pedagógico" e um segundo, em coautoria com José Carlos Souza Araujo, com o título "O projeto político-pedagógico: Um guia para a formação humana".

O capítulo sobre o conselho escolar e o PPP foi elaborado para uma exposição feita pela autora no "Seminário Nacional de Conselhos Escolares: Participação da sociedade na democratização da escola pública de qualidade". Esse evento foi promovido pela Câmara dos Deputados, em novembro de 2005, cujo objetivo central foi a promoção do debate sobre o papel dos conselhos escolares na democratização da escola pública. A proposta da autora foi oportunizar a reflexão crítica sobre o papel do conselho escolar como sustentáculo do PPP.

Ela inicia suas reflexões trazendo as bases legais com a Constituição de 1988 (Art. 206), a LDB 9.394/1996 (Arts. 12, 14 e 15) e o Plano Nacional de Educação (Lei n. 10.172/2001) que reforçam a defesa de políticas públicas de educação para fortalecimento da participação da comunidade na gestão das escolas. Como reforça Veiga (2007, p. 115), esse aparato legal se constitui instrumento fundamental para essa democratização, mas "não é a legislação que vai transformar a realidade escolar, mas o dia-a-dia da prática pedagógica na perspectiva de prática social específica". Nessa perspectiva democrática, a organização escolar precisa contemplar mecanismos de participação interna e externa que fortaleçam o processo de ensino-aprendizagem de todos e todas, de acordo com Silva e Fernandes (2016, p. 10), "por meio do desenvolvimento de processos formativos voltados ao exercício da cidadania solidária, responsável e comprometida com as mudanças urgentes e necessárias demandadas pelos sujeitos e pela sociedade".

Assim, o conselho escolar é apresentado como sustentáculo do PPP, retomando a questão da viabilidade do projeto que precisa ser colocado em prática e, portanto, deve ser democrático e garantir a participação de todos. A autora destaca a composição do conselho escolar que é feita por representantes dos segmentos de professores, profissionais da escola, alunos, pais e comunidade local. Desse modo, Veiga (2007, p. 118) reforça a importância de instâncias colegiadas como forma de garantir essa participação, ou seja,

> está em jogo a representatividade, a legitimidade e a continuidade das ações educativas propostas no projeto político-pedagógico. Entre os órgãos de gestão, o conselho escolar é concebido como local de debate e tomada de decisão. É uma das instâncias colegiadas da escola.

Algumas indagações são levantadas acerca das relações de poder na escola que precisam ser discutidas pelos profissionais que a integram, com o intuito de promover a reflexão em torno do empoderamento do conselho como instância coletiva. Assim, sugere que a escola faça um movimento e promova a discussão em torno das indagações: Qual é sua função na sociedade atual? Quais relações de poder se estabelecem na escola? Há centralização de poder na escola? Como ele é distribuído? Qual é o papel do conselho escolar como instância colegiada? Essas são questões orientadoras, entre outras, do debate necessário para que a gestão da escola seja, de fato, democrática.

Finalizando o capítulo, a autora aponta alguns elementos a fim de contribuir com a reflexão para o desafio proposto por Veiga (2007, p. 127): "Como podemos, de fato, concretizar a gestão democrática por meio do projeto político-pedagógico e do conselho escolar?". São estes elementos que podem orientar o debate: a) a compreensão de que o PPP não é um documento pronto e finalizado; b) o papel da escola de ouvir a comunidade escolar; c) o conselho escolar como instância de participação e do PPP e d) todos os segmentos empoderados e comprometidos com as lutas de todos. Veiga (2007, p. 128) expressa, para finalizar suas reflexões, uma utopia possível:

> que a gestão democrática possa contribuir, de algum modo, para que escola emancipadora se concretize por meio do projeto político-pedagógico sustentado por um conselho escolar como garantia de representatividade, pluralismo e envolvimentos dos diferentes interessados e comprometidos com a educação.

São esses os livros e os capítulos destacados da vasta obra de Ilma Veiga em que a autora focalizou esse importante tema de estudos, pesquisas e debates para o fortalecimento da gestão das instituições educativas, em que a reinvenção da escola passa, necessariamente, conforme Silva e Fernandes (2016, p. 10) "pela revisão de concepções e práticas cristalizadas pela rotina e pela repetição que impedem a constituição de processos inovadores de ensino, aprendizagem e avaliação, transformadores das realidades individual e social". Revisão para a qual Ilma Veiga, por meio de um estado da arte sobre o projeto político-pedagógico, tem contribuído.

Nesse caminho de reflexões críticas acerca do projeto político-pedagógico, destacados por Ilma Veiga em suas publicações, a gestão democrática, a avaliação, a formação continuada, a organização curricular, a valorização profissional e outros elementos – que foram postos em situação de desafios e questionamentos, no contexto do trabalho remoto – nos possibilitaram refletir e nos alertaram sobre o PPP em duas lógicas: como *ordenação* ou como *coordenação*. Na lógica da ordenação resulta na fragmentação do trabalho pedagógico pautado em ações individuais, foco no atendimento de demandas imediatas caracterizando-se como trabalho solitário, intensificado e invisível, com poucos resultados para o alcance dos objetivos centrais da escola.

Em contraposição, a lógica da coordenação fortalece as possibilidades da construção de ações articuladas e coletivas para elaboração, implantação e avaliação do projeto político-pedagógico, com vistas a sua função social como meta de todos e todas. Pautado na colegialidade, o trabalho pedagógico deixa de ser solitário, intensificado e invisível, constituindo-se, portanto, uma oportunidade de trabalho solidário, emancipador, na medida em que se organiza e se efetiva a reflexão crítica sobre o contexto social mais amplo, considerando a realidade escolar e seus projetos para promoção de ações comprometidas com as aprendizagens de todos e todas e, consequentemente, ao alcance de sua função social.

Concluindo com um apanhado da sua trajetória profissional, Ilma Veiga vem sinalizando elementos e movimentos que são retomados, retocados e reafirmados em suas publicações como fundantes para a elaboração, a implantação e a avaliação do PPP, que fortalecem as reflexões críticas acerca do tema, como documento e movimento colaborativo da e na escola que tem se constituído como referência para muitos professores e professoras das escolas brasileiras.

Referências bibliográficas

FREIRE, P. (1987). *Pedagogia do oprimido*. Rio de Janeiro: Paz e Terra.

SILVA, E.F. e FERNANDES, R.C. de A. (2016). "A escola democrática nas percepções de profissionais da educação". *Revista de Administração Educacional*. Recife, v. 1, n. 2., jul.-dez., pp. 3-16.

VEIGA, I.P.A. (1995). "Projeto político-pedagógico da escola: Uma construção coletiva". *In*: VEIGA, I.P.A. (org.). *Projeto político-pedagógico da escola: Uma construção possível*. Campinas: Papirus. (Coleção Magistério: Formação e Trabalho Pedagógico)

________ (1998). "Perspectivas para reflexão em torno do projeto político-pedagógico". *In*: VEIGA, I.P.A. e RESENDE, L.M.G. de (orgs.). *Escola: Espaço do projeto político-pedagógico*. Campinas: Papirus. (Coleção Magistério: Formação e Trabalho Pedagógico)

________ (2000). "Projeto político-pedagógico: Continuidade ou transgressão para acertar?". *In*: CASTANHO, S. *et al*. (orgs.). *O que há de novo no ensino superior: Do projeto pedagógico à prática transformadora*. 2ª ed. Campinas: Papirus.

________ (2001a). "Projeto político-pedagógico: Novas trilhas para a escola". *In*: VEIGA, I.P.A. e FONSECA, M. (orgs.). *As dimensões do projeto político-pedagógico*. 12ª ed. Campinas: Papirus. (Coleção Magistério: Formação e Trabalho Pedagógico)

________ (2001b). "O cotidiano da aula universitária e as dimensões do projeto político-pedagógico". *In*: CASTANHO, S. *et al*. (orgs.). *Temas e textos em metodologia do ensino superior*. 2ª ed. Campinas: Papirus. (Coleção Magistério: Formação e Trabalho Pedagógico)

________ (2003). "Inovações e projeto político-pedagógico: Uma relação regulatória ou emancipatória?" *Cadernos do Cedes* (Unicamp), Campinas, v. 23, n. 61, pp. 267-281.

________ (2004a). "Projeto político-pedagógico: Um documento e um movimento participativo". *In*: VEIGA, I.P.A. *Educação básica: Projeto político-pedagógico; Educação superior: Projeto político-pedagógico*. Campinas: Papirus. (Coleção Magistério: Formação e Trabalho Pedagógico)

________ (2004b). "Projeto político-pedagógico do ensino médio como expressão da gestão democrática". *In*: VEIGA, I.P.A. *Educação básica: Projeto político-pedagógico; Educação superior: Projeto político-pedagógico*. Campinas: Papirus. (Coleção Magistério: Formação e Trabalho Pedagógico)

________ (2004c). "Projeto político-pedagógico na universidade e a parametrização do MEC. *In*: VEIGA, I.P.A. *Educação básica: Projeto político-pedagógico;*

Educação superior: Projeto político-pedagógico. Campinas: Papirus. (Coleção Magistério: Formação e Trabalho Pedagógico)

_______ (2004d). "Projeto pedagógico de formação e desenvolvimento profissional de professores: Subsídios para construção e avaliação". *In*: VEIGA, I.P.A. *Educação básica*: *Projeto político-pedagógico; Educação superior: Projeto político-pedagógico*. Campinas: Papirus. (Coleção Magistério: Formação e Trabalho Pedagógico)

_______ (2004e). "Um breve panorama da pesquisa sobre projeto político-pedagógico". *In*: VEIGA, I.P.A. *Educação básica*: *Projeto político-pedagógico; Educação superior: Projeto político-pedagógico*. Campinas: Papirus. (Coleção Magistério: Formação e Trabalho Pedagógico)

_______ (2005). "(Re)significação do projeto político-pedagógico no projeto de cidade". *Gestão em Ação* (Salvador), UFBA, v. 8, n. 1, pp. 7-16.

_______ (2007). "Conselho escolar e projeto político-pedagógico". *In*: VEIGA, I.P.A. (org.). *Quem sabe faz a hora de construir o projeto político-pedagógico*. Campinas: Papirus. (Coleção Magistério: Formação e Trabalho Pedagógico)

_______ (2013). "A escola em debate: Gestão, projeto político-pedagógico e avaliação". *Retratos da Escola*, v. 7, p. 159.

VEIGA, I.P.A. e ARAUJO, J.C.S. (2007). "O projeto político-pedagógico: Um guia para a formação humana". *In*: VEIGA, I.P.A. (org.). *Quem sabe faz a hora de construir o projeto político-pedagógico*. Campinas: Papirus. (Coleção Magistério: Formação e Trabalho Pedagógico)

9
SOBRE "A AVENTURA DE FORMAR PROFESSORES"

Joana Paulin Romanowski
Pura Lúcia Oliver Martins

Introdução

Abordar as contribuições de Ilma Passos Alencastro Veiga para a formação de professores é um desafio incrível diante dessa sua vida dedicada tanto à educação, à docência e à pesquisa, quanto à valorização e à emancipação do outro. Veiga[1] está presente na formação de milhares de professores no Brasil por sua ação ampla, densa, envolvente e de acolhimento generoso. Está presente em conferências, palestras, seminários, cursos, bancas, orientações e, em especial, em centenas de publicações de artigos, capítulos e livros. Assim, iluminadas por essa

1. Deste ponto do texto, passamos a nominar a autora por sua referência acadêmica, mas alertamos que não se trata de um tratamento com conotação de neutralidade científica, mas mantemos vivo o diálogo com a amiga, professora, pesquisadora, formadora de professores, referência em educação... enfim, sua atuação profissional intensa, abrangente com impacto na formação de milhares de professores.

trajetória intensa e de contribuições ímpares para e com a educação brasileira, dialogamos na aventura de formar professores com a finalidade de provocar reflexões sobre as suas contribuições na formação de professores. Este capítulo integra este livro destinado a homenagear e reunir as proposições teórico-metodológicas ao longo da trajetória profissional de Veiga, focalizando os pressupostos que orientam os processos de formação de professores em sua obra.

A possibilidade de considerar a trajetória de Veiga se direciona para estabelecer uma relação da trajetória profissional em diálogo com estudos biográficos em que o contributo social se constitui o construto de abordagem do texto (Romanowski 2015). Salienta Arfuch (2010) que esse tipo de estudo remete à singularidade do autor em evidência e sua relação com o mundo, pois os sujeitos são atores sociais, "uma cartografia da trajetória individual sempre em busca de seus traços coletivos" (Arfuch 2010, p. 15). A ênfase em um autor se expressa na interlocução com o coletivo, a partir da narrativa sobre essa pessoa em suas vivências, sem assumir uma perspectiva de *voyerismo*, de usos funcionais e de busca de estratégias de mercado, como alerta Arfuch (2010). Trata-se de estabelecer um permanente diálogo entre a singularidade da autora com suas contribuições no contexto socioeducacional. Assim, este texto está centrado nas evidências de uma trajetória testemunhada coletivamente e experienciada em nossa convivência, ou seja, esse relato centrado na trajetória de vida de Veiga "refere-se não aos comuns, mas sim a um sujeito privilegiado e distinguido, cujo destaque é dado por grupos específicos da sociedade que controlam ou delimitam o fluxo dos acontecimentos biografados" (Silva 2009, p. 10).

Neste capítulo a pretensão é de que a abordagem se distancie da "tradição do biografismo brasileiro vinculado a uma humanização da história e à criação de uma pedagogia moral e cívica" Silva (2009, p. 153), para se direcionar à discussão sobre os vínculos sociais e históricos que se relacionam com a forma como a autora interage com diferentes grupos e movimentos, em que prioriza apontar a sua colaboração com a formação dos professores para destacar a articulação de seus estudos, de suas práticas com as tendências de pesquisa nesse campo. O teor do texto é iluminado na direção do diálogo para relacionar fatos de vida à "construção de identidade profissional, considerando os critérios de aceitabilidade, de admissibilidade, de credibilidade, reconhecida pelo coletivo" (Pollak 1989, p. 205). Contudo, é pertinente ressalvar que a pesquisadora tem sua vida marcada em lutas de seu tempo desde a reconstrução democrática da sociedade brasileira em movimento permanente a favor de uma educação igualitária e emancipatória.

Nessa perspectiva, ao buscar os elementos fundantes desta reflexão sobre as contribuições de Veiga na aventura de formar professores, observamos como pano de fundo as indicações de Silva (2009, pp. 163-164), sobre três vertentes: (a) "uma biografia supõe a ampla utilização de forças sociais pela manutenção de uma memória, ou de um certo tipo de memória, no qual um indivíduo é não somente uma unidade, mas parte de um grupo e representação de ideais e expectativas que já não são subterrâneas, mas que convivem junto a outras manifestações de superfície"; (b) o pesquisador é encarado "como notável e por si só é visto como diferenciado dentro do grupo e da sociedade da qual faz parte, não representando, *a priori*, grupos marginalizados, silenciados, minoritários"; com efeito o biografado também fica situado em um campo de disputa no qual memória e esquecimento são definidos enquanto a sua trajetória é comparada com a de outros daquele grupo; (c) e quanto às possibilidades do texto, uma narrativa "pode assumir em diferentes obras/autores/épocas" uma pluralidade de significados de uma história construída no "nós", no coletivo.

Na composição do capítulo, incluímos como eixos fundamentais: estabelecer um diálogo com as experiências vivenciadas pela convivência das autoras do capítulo com Ilma. Desse diálogo decorrem interações estabelecidas com discussões de suas proposições sobre a formação de professores nas quais se mesclam a nossa própria trajetória profissional. O segundo diálogo se expressa com os estudos, as pesquisas e as suas publicações, em que tomamos como metodologia realizar um estudo do tipo estado da arte, numa perspectiva cartográfica quanto aos textos que se reportam à formação de professores. As publicações se constituem uma possibilidade de diálogo que orienta as inferências realizadas. *A priori*, podemos afirmar que são indicadores para a reflexão os escritos de Veiga para compreender sua contribuição social no campo da educação e, em especial, na formação de professores. Nessa perspectiva, ao considerar a sua trajetória, evidenciando as tendências da pesquisa e práticas desenvolvidas, é possível entender que essas práticas se associam "às experiências vividas pelos sujeitos estabelecidas em diálogo entre o evento e o conceito, o ser social e a consciência social, isto é, a busca de interação com as evidências, ressaltando seu caráter sócio-histórico" (Thompson 1981). Nas considerações finais, num esforço de registrar a síntese das contribuições de Veiga, destacamos os pontos, os temas e as práticas basilares que conseguimos captar nesse diálogo com sua trajetória de vida profissional.

Interações com Veiga em nossa trajetória de formação

Para iniciar o diálogo com as experiências vividas na convivência com Veiga que nos propomos realizar neste artigo, marcando o significado dessa convivência na nossa trajetória profissional e pessoal, volto no tempo, recordando com muita alegria o momento em que tudo começou, há mais de quatro décadas. Foi nos idos dos anos de 1980 que nos conhecemos em Belo Horizonte, onde fomos apresentadas num momento marcante da nossa formação acadêmica: Veiga, realizando sua pesquisa de doutorado; eu, Pura Lúcia, concluindo minha dissertação de mestrado. O ponto comum que nos aproximou naquele momento foram nossos estudos sobre a didática na formação do professor.

Diferentemente do momento atual, naquela época não dispúnhamos de tecnologia para realizar entrevistas remotas. O pesquisador, para realizar seus estudos, tinha de ir ao encontro dos seus sujeitos para entrevistá-los. E Veiga estava na Faculdade de Educação da UFMG realizando entrevistas com as professoras do setor de didática da instituição, quando da pesquisa para sua tese de doutorado defendida na Unicamp. Seu interesse de estudo era a prática pedagógica do professor de Didática. Foi então que os professores da instituição lembraram e disseram à Ilma que uma aluna do mestrado da FAE estava concluindo sua dissertação sobre didática. E aí promoveram nosso encontro. Conversamos sobre nossos trabalhos, e Veiga solicitou que eu enviasse a ela uma cópia da dissertação após a defesa. Desse encontro nasceu uma amizade sólida que ultrapassou o espaço acadêmico, mas também se ampliou dentro dele.

Naquele momento histórico, marcado pela abertura política do regime militar, instalado em 1964, e pelo acirramento das lutas de classe no país, a didática era colocada em questão problematizando seu caráter técnico e buscando uma abordagem mais articulada com a prática desenvolvida nas escolas com "a proposição básica de repensar o papel da didática na formação de professores" (Veiga 2004, p. 9). E, então, Veiga, sensível aos novos desafios propôs a produção coletiva de um livro: *Repensando a didática*, reunindo nove professores com experiência nos diferentes níveis de ensino e concluindo seus mestrados e doutorados. Veiga (2004, p. 9) registra, na apresentação da primeira edição do livro, que foi um projeto concebido "em uma reunião descontraída com colegas professores de Didática, por ocasião da X Reunião Anual da Associação Nacional de Pesquisa e Pós-graduação em Educação, na cidade de Salvador". Recebi, então, com muita surpresa e alegria o convite para integrar esse grupo na produção do livro.

O processo de produção do livro foi uma lição de vida e de compromisso com a educação, que me marcou profundamente. Veiga demonstrou e demonstra na prática a sua maneira de ser solidária, sensível aos problemas do seu tempo, sua valorização do outro, do coletivo e da possibilidade de reunir experiências e registrar de forma a levar contribuição das nossas práticas para a prática de professores de todos os cantos do Brasil. A produção foi coletiva, envolvendo todos os coautores na organização da estrutura do livro, na escolha dos temas, na análise crítica dos textos preliminares de cada um feito por todos, com emissão de pareceres. Tudo isso foi feito por telefonemas e correspondências via correio e resultou no livro *Repensando a didática* com sua primeira edição em 1988. Em 2004, a obra foi revista e atualizada e, hoje, em sua 29ª edição, continua presente na prática de formação de professores. Foi uma experiência de produção coletiva única que significou, também, o "rito de entrada no mundo editorial acadêmico" (Veiga 2004, p. 7). Pelas mãos da Veiga, sempre solidária e generosa, experimentei a riqueza da ação coletiva na produção, na valorização da prática e no compartilhamento do conhecimento produzido num diálogo teórico-prático com professores dos diferentes níveis de ensino.

A participação em outras produções coletivas proposta por Veiga se seguiram desde então, fortalecendo nossa parceria acadêmica e os laços de amizade. Proposições nascidas de encontros no GT de Didática da Anped, nos Endipes, Educere e outros eventos nos quais tive a oportunidade de conviver com Veiga, estreitar os laços de amizade e compartilhar experiências acadêmicas e de vida. Nesses encontros, sempre aprendendo com o seu olhar atento para as necessidades práticas dos professores na proposição de produções que dialogassem com as necessidades práticas dos professores, procurando trazer contribuições para o equacionamento dos problemas e dos avanços nos processos de ensinar e aprender, aprofundando a compreensão da didática no processo de formação dos professores. A cada encontro, muitos aprendizados.

As interações que eu, Joana, estabeleço com Veiga se expressam numa trajetória de longa data, que foram iniciadas com seus escritos desde o final da década de 1980. Naquele tempo iniciei a minha trajetória como professora no setor de educação, no Departamento de Teoria e Prática da Educação na Universidade Federal do Paraná. Como professora da disciplina de Didática, nos cursos de licenciatura, para organizar os materiais de estudo com os quais seriam realizadas as conversas com os licenciandos, estava incluído o livro *Repensando a didática*. De sua leitura, foi possível compreender uma proposta de discussão na direção de mudança de um encaminhamento de uma didática técnica para uma "didática voltada para a efetivação da prática pedagógica crítica" (Veiga 2004, p. 7). Na proposta desse livro, está o embrião que marca a trajetória de Veiga na formação de professores: o coletivo, a colaboração e cooperação, uma formação centrada na interação em comunidades, em grupos de pesquisadores e professores. Esse embrião fora gerado em suas pesquisas anteriores à "Aspiração profissional de professores leigos em educação física da 4ª Superintendência Regional de Educação e Cultura do Estado de Goiás", sua dissertação de mestrado, e à "A prática pedagógica do professor de didática", sua tese de doutorado.

Na continuidade das interações, em 13 de abril de 1999, estivemos juntas em Curitiba. Esse encontro ficou marcado pelo autógrafo de Veiga no livro *Didática: O ensino e suas relações*. As leituras de suas publicações somadas à participação nos Endipes, desde 1996, são marcas de conversas e reflexões para compreender a didática no processo de formação dos professores. As interações se ampliaram e se expandiram a partir da organização do XII Endipe realizado na Pontifícia Universidade Católica do Paraná, em 2004. O contato que acontecia muito mais pelas leituras foi rompido, pois deixou de ser algo distante. Nesse Endipe, os diálogos se assumiram profícuos e intensos e foram transformados em parceria em que os laços acadêmicos geraram trocas cercadas de afeto e amizade. Essa relação foi intensificada com a convivência com Pura Lúcia Oliver Martins, parceira na autoria deste capítulo, devido aos laços estabelecidos desde longa data, entre elas. São inúmeras as reuniões de trabalho vivenciadas em bancas, discussões sobre a educação, a didática e a formação de professores em seus aspectos teóricos, práticos, políticos e epistemológicos, ocorridas de modo formal e informal, em que as interações são intensas, solidificando a constituição de saberes pedagógicos e de vida.

Com Veiga, minha compreensão do campo da didática e de seus elementos na constituição da docência na defesa de uma educação crítica, pública e democrática foi ampliada e aprofundada. Também está presente o entendimento do projeto político-pedagógico em seu significado e abrangência e como um processo de colaboração coletiva no estabelecimento dos rumos de cada escola. Neste capítulo, são aprofundadas as interações quanto à aventura de formar professores.

A aventura de formar professores nas publicações de Veiga

As publicações de Veiga totalizam mais de duas centenas entre artigos em periódicos e congressos, capítulos de livros e livros. Nesse conjunto de publicações, três campos do conhecimento se destacam: a didática, a organização política e pedagógica da escola e a formação de professores. Em torno da formação de professores, os assuntos se reportam à formação do professor do ensino superior e à formação dos professores da educação básica, à formação do professor na pós-graduação, à profissionalização do professor, à formação ética do professor, ao campo da formação de professores e às políticas de formação de professores.

O campo conceitual é balizado por depositar na formação pedagógica as bases em que se assenta a docência. A pedagogia é compreendida como ciência da prática educativa, reconhecida epistemologicamente como campo de saber próprio. Seu compromisso se traduz com a transformação social de inserção da população em totalidade numa sociedade democrática e ética. Uma docência que invoca como "princípio orientador a prática social do aluno, fortalecendo, assim, a contextualização e a indissociabilidade entre ensino, pesquisa e extensão" (Veiga *et al.* 2008, p. 75).

A concepção da docência é entendida como práxis educativa que fortalece a unicidade teoria e prática. Com efeito, "o processo de formação como um todo diz respeito ao entendimento das questões pedagógicas e da realidade institucional, das particularidades pessoais e das trajetórias individuais de professores e alunos", como assinala Veiga *et al.* (2008, p. 62). A compreensão pedagógica do processo de ensino se expressa na prática constituída por conteúdo e forma, intencionalidades e objetivos, professor e alunos, em que se fazem presentes as relações de uma sociedade democrática para promover a formação humana.

A preocupação com a formação dos professores da educação superior proposta por Veiga (2017) abrange as dimensões científica e pedagógica na perspectiva da promoção do desenvolvimento profissional docente. Essa formação integra as políticas públicas desde a formulação de uma pedagogia de resultados como alerta Saviani (2007) impulsionada por programas de avaliação. Veiga (2017, p. 41) alerta que o Estado avaliativo "elege como prioridade a gestão educacional, o financiamento da educação, o currículo, a formação de professores e a avaliação", mas, ao propor uma política com esse direcionamento, diminui a possibilidade de uma educação crítica.

No bojo dessa proposta, instituíram-se as avaliações no microssistema realizadas pelas instituições e no macrossistema levadas a efeito pelo MEC. Essas avaliações definidas por padrões de competências têm apresentado indicadores com fragilidades de resultados. Assim, as instituições necessitaram promover a qualificação de seu corpo docente, elevando seus níveis de formação com mestrados e doutorados e com a institucionalização de programas de desenvolvimento profissional docente, como indica Veiga (2012). Paradoxalmente, a fragilidade de resultados direcionada a uma perspectiva produtivista possibilitou colocar em pauta a promoção de programas de formação docente na direção da profissionalização dos professores, como ressalta Veiga (2017, p. 41). Esses programas de formação "fortalecem a concepção de docência na educação superior que ajuda a desenvolver a profissão e gera conhecimento profissional", desde que assumidos pelas instituições de modo permanente e consistente, com consequente valorização dos professores.

Para Veiga (2017), a agenda de programas de desenvolvimento profissional docente inclui proposições que manifestem princípios fundamentais, como a cultura do diálogo, a promoção da emancipação docente, a contextualização sócio-histórica para promover a transformação da prática pedagógica da educação superior. Com efeito, trata-se da indissociabilidade entre ensino, pesquisa e extensão em que a reflexão e o coletivo possam se expressar na prática docente.

Ressaltamos que a formação ética do professor em Veiga se constitui um eixo importante para a aventura de formar professores. A compreensão da ética se articula à profissão docente como um processo de construção histórica, sujeito a sua dinâmica. O desempenho profissional comporta uma prática social intrinsecamente relacional, como alertam Veiga e Araujo (2007). Nessa prática se manifestam inúmeras qualidades morais do exercício profissional, como dignidade, dedicação, respeito, polidez, responsabilidade, zelo, decoro, honra, diligência, confiança, honestidade, solidariedade, lealdade, discrição, compromisso, probidade, altruísmo, abnegação, magnanimidade, disciplina e perseverança. Assim, a ética profissional, "antes de se tornar um embaraço ou um estorvo, pode ser compreendida como emergência de uma consciência social que se embrenha pelas diferentes profissões" (*ibidem*, p. 45).

Ao colocar em pauta essa discussão, Veiga se empenhava na busca da formação de uma ordem de professores, nas veredas da valorização profissional. Ao ouvir sua proposta em uma mesa redonda, foi notável testemunhar seu entusiasmo na defesa dessa proposição. Permanece como uma iniciativa ainda não resolvida. Os professores se organizam em sindicatos para a defesa e a valorização da profissão, uma conquista na mediação das relações de trabalho entre o Estado, as instituições e os trabalhadores, contudo continua em aberto a composição de uma organização dos profissionais da educação para além da mediação das relações de trabalho.

Uma organização coletiva dos professores favorece a melhoria da profissionalização docente e pode trazer contribuições à construção da identidade ao profissional. Aguiar e Scheibe (2010) propõem que a valorização dos profissionais da educação carece ser assumida como política pública. Destacam as autoras que professores e funcionários da educação são um grupo de extrema relevância na luta por um projeto nacional democrático e sustentável, assim como se apresentam como categoria expressiva na sociedade. No entanto, Aguiar e Scheibe (*ibidem*) denunciam que há um cenário de elevados índices de abandono da docência, diante da precarização das condições de trabalho, bem como da baixa remuneração. Essas discussões se inserem no interior da valorização dos profissionais da educação, eixo permanente das preocupações de Veiga.

Em torno das políticas públicas de formação de professores, os estudos, as pesquisas e as publicações de Veiga assumem esse eixo de modo permanente ao abordar a prática docente, a didática e o projeto pedagógico. Com efeito, desde sua tese de doutorado, Veiga situa a educação como um fenômeno político, uma prática social em interação com o sistema sociopolítico e econômico. Nos depoimentos que Veiga considerou para sua discussão da prática da didática, está registrado o descaso dos governos com a formação dos professores. Nessa pesquisa está expresso que a formação dos professores se articula com os interesses educacionais da população, em que se realiza uma análise crítica das experiências e dos problemas concretos da realidade escolar. Reafirma um professor formado na e pela reflexão crítica, em especial do professor de didática do ensino superior que considera a tríade ensino, pesquisa e extensão.

Em pesquisa realizada em 2009, busca compreender o papel de didática na formação de professores para a educação básica e superior como instrumento de inovação técnica ou, ao contrário, como vínculo de inovação edificante. Os focos centrais da pesquisa giram em torno da Didática ministrada nos cursos de licenciatura e da Didática do Ensino Superior ou Metodologia do Ensino Superior oferecidas em cursos de pós-graduação. Nessa pesquisa, ao examinar a didática, Veiga (2011) aponta para o ordenamento legal direcionado para uma política de avaliação em larga escala que incide também no desempenho dos professores. Esse direcionamento impacta no embate de uma didática técnica em que "o conhecimento pedagógico ficou distante da Educação Superior, fortalecendo a ideia de que o importante é o domínio do conhecimento da área específica e das metodologias de pesquisa para sua produção" (Veiga 2011, p. 457), em contraposição para uma didática crítica. Destarte, as instituições de educação superior, diante da necessidade de expressar índices satisfatórios nos resultados de avaliações, passaram a implementar programas de formação de professores, programas centrados no desenvolvimento técnico dos professores. As pesquisas realizadas por Veiga (2009-2012) assumiram o objetivo de refletir sobre as possibilidades e os limites dos programas de desenvolvimento profissional, numa perspectiva institucional, para o exercício da docência no ensino superior.

No projeto do triênio 2012 e 2015, Veiga tem por foco desvelar a docência na educação superior: um estudo exploratório nas regiões Norte, Nordeste e Centro-Oeste. Esclarece que esse projeto de pesquisa realiza estudo sobre a organização de um conhecimento cujas prerrogativas de método substanciam a análise da produção sobre a docência no ensino superior e as questões que envolvem as desigualdades educacionais. A pesquisa articula-se com a trajetória acadêmica dos pesquisadores envolvidos com a Rede Inter-regional Norte, Nordeste e Centro-Oeste sobre Formação Docente para a Educação Básica e Superior (Rides). Assim, fortalece-se a perspectiva de desenvolvimento de pesquisa em redes com encontros de discussão e socialização de pesquisas. O objetivo geral da pesquisa interinstitucional e inter-regional está direcionada para a justiça social com possibilidades de refletir sobre a situação de desigualdade acadêmica com relação à docência da educação superior na regiões Norte, Nordeste e Centro-Oeste. Dessa pesquisa, Veiga (2014) aponta que o cenário do ensino superior em relação à formação dos professores padece da ausência da formação pedagógica institucionalizada; mantém-se sem uma política de desenvolvimento profissional dos professores, ainda que tenha a heterogeneidade do público que adentrou a instituição, mas, mesmo com essa diversidade, as exigências do ensino permanecem com ênfase no conhecimento científico. Além disso, entre as conclusões, a pesquisa demarca sobre a docência, na educação superior, que ela representa um amálgama marcado pelas políticas públicas explicitadas nas Diretrizes Curriculares Nacionais dos cursos de graduação.

A aventura de formar professores: *Síntese de uma trajetória*

O livro *A aventura de formar professores*[2] teve a 1ª edição publicada em 2009 e a 2ª edição, em 2014. A organização dessa obra, que faz parte da Coleção Magistério: Formação e Trabalho Pedagógico, pela Papirus, contém apresentação, cinco capítulos articulados entre si e as referências. Sua escrita foi motivada, segundo a autora, para expressar a análise das dimensões da formação de professores para, por meio de caminhos possíveis, romper com a repetição e a mesmice. Essa característica de suas ponderações a situam como formadora, pois suas

---

2. Para este livro, tomamos por referência a resenha, publicada na *Educar em Revista* (Impresso), v. 50, pp. 307-311, 2013, por Joana Paulin Romanowski.

reflexões são sempre contextualizadas pela contínua configuração social articuladas às transformações da escola e da prática pedagógica.

Assim, nesse livro, está em destaque a problemática da formação de professores no Brasil, a docência no âmago da formação, da identidade profissional e das inovações didáticas; a docência e a educação superior e os caminhos da aprendizagem da docência, considerando as dimensões do processo didático na ação docente e a metodologia do ensino superior e o desenvolvimento profissional docente.

Entre os desafios da formação de professores, situam-se o contexto de expansão de inter-relações de abrangência global ocasionado pela globalização, as transformações dos meios de comunicação e da tecnologia que tem causado impactos nas relações macro e micro, desde a organização econômica, as mudanças institucionais, as relações entre os grupos sociais. Essas transformações têm provocado uma crise aguda e crônica, agravada pelas desigualdades sociais, e mesmo fortalecido o individualismo e o descompromisso social (Veiga, p. 14).

Na educação, as mudanças se situam nos paradigmas do conhecimento, na cultura e nas artes. Essas modificações se espraiam pela prática pedagógica, originando demandas para a formação inicial e continuada de professores.

Na formação de professores, Veiga propõe nesse livro novas possibilidades para uma prática pedagógica para a realização de mudanças no processo de ensino. Diz a autora que a formação de professores é um processo multifacetado, plural e contínuo. É fundamental a valorização da prática pedagógica em que a prática é ponto de partida e a ela retorna como possibilidade de transformação. O processo de formação se realiza de modo contextualizado historicamente; portanto, comprometido com a "construção de perspectivas emergentes e emancipatórias que se alinham com a inclusão social" em que "formar professores é preparar para o incerto" (Veiga 2009, p. 27). Para Veiga (1999, p. 181), formar professores implica articulação entre o pessoal e o profissional, um processo construído coletivamente para o "desenvolvimento de atitudes de cooperação e solidariedade (...) pela descoberta do outro".

Entre as características de Veiga para o processo de formação de professores, desataca-se seu entusiasmo para a transformação, sem caráter prescritivo, considerando justamente as reflexões diante dessas experiências em formação, docência e permanente investigação. Seu cuidado para promover uma formação que possibilite a construção de identidade, de ser um professor autônomo. Em relação à identidade, observa que ela se constitui no contexto social como espaço e tempo, composta pelo significado social do estatuto da profissão em que se configura seu modo de ser e exercer a profissão. Uma profissão construída de saberes profissionais, éticos e deontológicos nos quais se incorpora a cultura do grupo de pertença profissional. A vida profissional é perpassada desde a escolha de ser professor, fundamentada pela formação inicial e continuada ao longo das experiências e dos espaços em que se institui a docência (Veiga 2009, p. 30). Portanto, a identidade profissional se constrói socialmente a partir do processo de formação, atuação profissional, organização da categoria profissional e do reconhecimento social.

Entre as características do processo de formação dos professores universitários, ao serem propostos, articulam-se com os aspectos e as determinações legais, a prática e os pressupostos teórico-metodológicos. Para Veiga, essa formação assume uma perspectiva de inovação crítica, para superar a dicotomia entre conhecimento científico e senso comum, ciência e cultura, educação e trabalho, teoria e prática, enfim, a formação para uma docência que respeita a diversidade e considera a dimensão ética e estética, criativa e inventiva, em última análise, inovadora.

Ao examinar as dimensões do processo didático na ação docente, a autora chama a atenção para a relação entre ensinar e aprender, pesquisar e avaliar, como dimensões integradas, de ações recíprocas e interdependentes. A formação desde a inicial e a continuada para a profissionalização docente são compósitos em que se configura a identidade do professor. A identidade profissional é constituída de saberes, da cultura profissional e envolve dimensões do trabalho concreto situado no contexto sociopolítico.

Professor e aluno são vinculados pela mediação entre conhecimento e intencionalidades pedagógicas e sociopolíticas. Ensinar é assumir compromisso com a aprendizagem em processo de construção do conhecimento. Ensinar a aprender, ensinar a pesquisar, ensinar a avaliar são dimensões do processo didático articuladas entre si. Das intenções à avaliação, professores e estudantes estabelecem relações para favorecer a aprendizagem. Essas dimensões formulam interações com o processo de formação docente. A compreensão de totalidade entre indivíduos e coletivo, entre a sala de aula e a instituição e a sociedade, promove o desenvolvimento dos sujeitos, da instituição, do conhecimento, de tal modo que rompe com as dicotomias para se constituir em processo educativo.

A proposta do processo didático, emaranhada com a formação do professor, incorpora e se intensifica, torna-se profunda e densa, mantém unidade e coerência para uma docência edificante, compreensiva construída a partir da prática. Essa formação não abandona a pesquisa, uma pesquisa no interior de incertezas, pesquisa destinada a investigar o que se ensina, como se aprende, o que se pesquisa, como se avalia. Veiga (2009) destaca a pesquisa, o ensino, a aprendizagem e a avaliação como componentes do processo didático na perspectiva de construção do conhecimento e formação dos participantes. Desse modo, a relação pedagógica se torna interação social, profissional e afetiva, em que professores e estudantes são protagonistas. Segundo a autora, essa relação é campo de contradições, conflitos e de diversidade, encontro de pessoas vivas, compromissadas; portanto, uma relação ética, humana, social e histórica.

Para Veiga (2009) a metodologia da educação superior está intrinsecamente relacionada à formação e ao desenvolvimento profissional docente, pois o desenvolvimento profissional é um processo complexo, gestado na organização acadêmica. Essa formação, ao incluir a possibilidade da autonomia, ajuda o professor a romper a rigidez das instituições que se interpõe na realização de mudanças da prática pedagógica. O desenvolvimento profissional se intensifica pela necessidade de melhoria do processo de inovação pedagógica, impulsionada pelo processo de avaliação da educação superior e pelas inovações da tecnologia da comunicação e informação. E é nesse contexto que a metodologia do ensino superior se caracteriza como campo disciplinar nos cursos e nos programas de formação docente como um espaço complementar de formação docente.

A legislação em torno da formação do professor para a educação superior, ao definir como preparação e não como formação pedagógica sólida e consistente do professor, foi tímida, afirma a autora. Muitos estudos apontam para a necessidade da formação pedagógica do professor, imprescindível para o exercício da docência e não é indicada de modo explícito na legislação que regulamenta a educação superior.

Assim, as ponderações de Veiga, na aventura de formação de professores, são inquestionáveis na defesa de uma docência que tem como objeto o ensino, entendido como processo de construção, formativo, investigativo e inovador como resultante da interação entre sujeitos, professor e estudantes, instituição e sociedade, conhecimento e pesquisa. Além disso, o desenvolvimento profissional assumido de modo individual, coletivo e universal, compreende a história de vida, a história da categoria e a história universal. Veiga (2009) reafirma que os professores têm a profissão marcada pelo compromisso educativo, o trabalho com o conhecimento, a capacidade de reflexão e o trabalho em grupo. A promoção do desenvolvimento profissional implica entendê-lo como processo organizado, sistemático, intencional, institucionalizado assumido de modo coletivo.

Veiga (2009) é incansável na defesa da didática, da pesquisa, da pedagogia da educação superior, da formação e do desenvolvimento profissional dos professores. Sua luta é permanente para o fortalecimento de programas de formação docente de modo contínuo e consistente, como política institucional, como política pública.

Diante do cenário da pandemia provocada pela Covid-19, Veiga continua com sua rede de pesquisadores em torno da discussão da didática da educação superior e da formação dos professores. Em torno da didática da educação superior, organizou um livro juntamente com Fernandes com o título provocativo *Por uma didática da educação superior* (Veiga e Fernandes 2021). Especificamente sobre a formação do professor da educação básica, está em fase de finalização o livro *Formação de professores para a educação básica*, organizado por Veiga e Santos, no qual abordam a formação dos professores com discussões densas, examinando pontos nevrálgicos que envolvem a conjuntura atual tanto na perspectiva política, como normativa e curricular dos cursos de formação docente. Está organizado em três temáticas fundamentais: o cenário brasileiro atual, as políticas educacionais vigentes e as propostas para construir a formação de professores para a escola pública cidadã, colocando o currículo em foco. Ressaltamos que, no atual contexto, em que em as políticas de governo são inconsistentes na defesa da educação pública para todos, com valorização de uma concepção conservadora de educação, Veiga tem sido uma força nas discussões pela reversão dessa política.

Considerações finais

Essa aventura de formar professores de uma trajetória profissional dedicada com pensamento, afeto, prática, pesquisa, proposições e compromisso é mais que um projeto de vida, é uma dádiva extraordinária.

Sua trajetória é marcada como docente do ensino superior, como formadora de professores do ensino superior e da educação básica, escreve para professores e alunos, numa linguagem didática, favorecendo a compreensão, sem perder a profundidade teórico-metodológica.

Seus livros, seus escritos, suas falas, suas reflexões reverberam por sua sinceridade e simplicidade de elevado grau e rigor acadêmico. Mais que isso, o espírito de colaboração, de revelação do outro. Uma professora marcante pelas suas contribuições realizadas sempre coletivamente, de lealdade e compromisso para a liberdade, para a emancipação, para a luta para uma sociedade igualitária e democrática. É difícil traduzir em palavras, sempre limitadas para dizer do privilégio de compartilhar essa aventura de formar professores.

Referências bibliográficas

AGUIAR, M.A.S. e SCHEIBE, L. (2010). "Formação e valorização. Desafios para o PNE 2011/2020". *Revista Retratos da Escola*, Brasília, v. 4, n. 6, jan.-jun., pp. 77-90.

ARFUCH, L. (2010). *O espaço biográfico: Dilemas da subjetividade contemporânea.* Trad. Paloma Vidal. Rio de Janeiro: Editora da Uerj.

POLLAK, M. (1989). "Memória, esquecimento, silêncio". *Estudos históricos*. Rio de Janeiro, CPDOC/FGV, v. 1, n. 3. [Disponível na internet: http://bibliotecadigital.fgv.br/ojs/index.php/reh/article/viewArticle/2278/1417.]

ROMANOWSKI, J.P. (2015). "Do individual ao coletivo: Possibilidades do movimento da pesquisa dos pesquisadores da Região Sul. *Revista Pedagógica* (Uno Chapecó. Online), v. 17, pp. 14-29; pp. 145-175.

SAVIANI, D. (2007). "O ensino de resultados". *Folha S.Paulo*. São Paulo, domingo, 29 de abril. [Disponível na internet: https://www1.folha.uol.com.br/fsp/mais/fs2904200704.htm.]

SILVA, W.C.L. (2009). "Biografias: Construção e reconstrução da memória". *Fronteiras*, Dourados, v. 11, n. 20, jul.-dez., pp. 151-166.

THOMPSON, E.P. (1981). *A miséria da teoria ou um planetário de erros: Uma crítica ao pensamento de Althusser*. Rio de Janeiro: Zahar.

VEIGA, I.P.A. (1988). "A prática pedagógica do professor de didática". Tese de doutorado. Campinas: Universidade Estadual de Campinas.

________ (1999). "Formação de professores e os programas especiais de complementação pedagógica". *In*: CUNHA, M.I. da (org.). *Desmistificando a profissionalização do magistério*. Campinas: Papirus.

________ (2009). *A aventura de formar professores*. Campinas: Papirus.

________ (2011). "Entrevista". *Revista Profissão Docente*, v. 12, n. 24, pp. 3-6.

________ (2014). "Formação de professores para a educação superior e a diversidade da docência". *Revista Diálogo Educacional* (PUCPR. Impresso), v. 14, pp. 327-342.

VEIGA, I.P.A. (coord.) (2004). *Repensando a didática.* 21ª ed. Campinas: Papirus.

VEIGA, I.P.A. (org.) (1996a). *Projeto político-pedagógico: Uma construção possível*. 2ª ed. Campinas: Papirus.

________ (1996b). *Didática: O ensino e suas relações*. Campinas: Papirus.

VEIGA, I.P.A. e ARAUJO, J.C.S. (2007). "Ética e profissionalização docente". *Revista de Educação PUC-Campinas*, Campinas, n. 22, jun., pp. 41-55.

VEIGA, I.P.A. e FERNANDES, R.C. de (orgs.) (2021). *Por uma didática da educação superior*. Campinas: Autores Associados.

VEIGA, I.P.A. e SILVA, E.F. da (2012). "A multidimensionalidade da docência na educação superior". *Revista Diálogo Educacional* (PUC-PR. Impresso), v. 12, p. 9.

VEIGA, I.P.A. *et al.* (2008). "Docência universitária: Formação pedagógica no âmbito da pós-graduação". *Linhas Críticas*, v. 14, n. 26, jan.-jun., pp. 61-77.

10
REDE INTER-REGIONAL NORTE, NORDESTE E CENTRO-OESTE (RIDES): AMPLIANDO AS POSSIBILIDADES DA PESQUISA EM REDE

Claudia Christina Bravo e Sá Carneiro
Meirecele Calíope Leitinho
Liliane Campos Machado

Introdução

Com este capítulo, objetivamos registrar as experiências vivenciadas por um grupo, no caso específico, a Rede Inter-regional Norte, Nordeste e Centro-Oeste sobre Formação Docente para a Educação Básica e Superior (Rides), inicialmente denominada, na ocasião de sua criação, Rede Inter-regional sobre Docência na Educação Superior. No entanto, precisamos ter em mente que a memória de experiências vividas a cada momento, os sentidos, o envolvimento de todos que constituem esse grupo, é uma condição social e cultural, que ultrapassa a simples memória, valoriza as experiências de pessoas e instituições.

Consideramos que as preocupações inerentes à formação de professores, em especial de docentes da educação superior, têm permeado o ideário da educação no mundo. Discutir a docência na educação básica e superior, seus desdobramentos, como nos quesitos formação e identidade profissional, é fator preponderante para um caminho, que visa a compreender o papel docente e sua importância, seus pertencimentos e seus sentidos.

Coadunando com esse pensamento, a Rides teve sua semente plantada, irrigada e germinada por Ilma Passos Alencastro Veiga. Afirmamos que as sementes brotam de ideias e, como tal, devem ser cultivadas. Reconstruir a Rides, com suas características e contribuições para a pesquisa e divulgação científica da docência na educação básica e superior, constitui-se no desafio de descrever sua constituição e sua consolidação.

Segundo Veiga (2009, p. 24), "docência é o trabalho dos professores; na realidade estes desempenham um conjunto de funções que ultrapassa a tarefa de ministrar aulas". Compreender essas funções sempre permeou o pensamento da autora e sua vontade de colaborar para o desvelamento de questões relacionadas à qualidade da docência na educação básica e superior. Como consequência de tal pensamento, a Rides iniciou sua trajetória.

O presente capítulo faz o registro da Rides, sua organização e sua história na educação básica e superior do país, um registro importante para sua divulgação nas Instituições de Ensino Superior e nas escolas de educação básica do Brasil. Para a realização dessa história, partimos de uma análise de documentos, algumas vezes esparsos, arquivados aleatoriamente, constituintes de acervos particulares e de memórias, nossas e de alguns, de participantes do processo.

Docência na educação superior e básica: Pensamentos congruentes

As preocupações com a formação de professores têm gerado questionamentos e discussões de suas ações didático-pedagógicas na educação superior do Brasil e seus reflexos na educação básica. Uma das questões mais discutidas é a formação do docente do ensino superior, colocando, como desafio, sua ressignificação, revisão de concepções, objetivos e funções, na busca de criar novas possibilidades formativas na busca de uma formação de professores mais eficiente, que leve a uma educação geral crítica, reflexiva e emancipatória.

As pesquisas têm mostrado o quão importante é investir no desenvolvimento profissional do docente, identificando, valorizando a profissão, a formação e as condições adequadas de trabalho, fatores primordiais para a melhoria da qualidade da educação no país.

A formação de docentes do ensino superior, nas instituições, tem sido experienciada. Algumas dessas experiências foram divulgadas, fomentando a valorização dessa formação. No entanto, de acordo com Cunha (2014, p. 38), "muitas dessas experiências são importantes enquanto duram, mas são frágeis nas possibilidades de permanência e pouco se institucionalizam como culturas acadêmicas". Uma situação que fragiliza a formação docente em geral, com reflexos importantes na formação de cidadãos críticos, reflexivos e cientes para o enfrentamento das intempéries sociais, políticas e econômicas da sociedade em constante mutação.

Podemos afirmar, então, que a docência na educação superior, bem como a docência na educação básica, tem evidenciado relevância no panorama nacional e internacional e leva a admitirmos a necessidade de investimento nas IES e nas instituições da educação básica, no desenvolvimento de programas formativos para os docentes.

Investir no desenvolvimento profissional docente é desenvolver ações de formação inicial e continuada. O "exercício profissional docente, mediado por Teorias e Práticas de ensino e pesquisa, possibilitam saberes e competências, privilegiando, sobremaneira, a natureza e a especificidade inerentes ao saber pedagógico" (Dias 2010, p. 95).

Para que haja a profissionalização docente, Veiga (2009, p. 29) acredita ser necessária a construção da identidade docente, que envolve "o delineamento da cultura do grupo de pertença profissional, sendo integrada ao contexto sociopolítico". Para a autora, a identidade docente é uma construção que ocorre durante a vida profissional, constituída por saberes profissionais e atribuições éticas e deontológicas, em constante transformação e revisão de significados sociais.

Portanto, torna-se importante criar espaços, que unam a coletividade, na busca de mecanismos inteligentes para o desvelamento dos problemas e preenchimento das lacunas formadas no universo da educação básica e superior, investindo em estudos, discussões e reflexões, com questões que se relacionam às diferentes ações, tais como formação, desenvolvimento profissional docente, carreira, saberes, identidade inerente à formação de professores nesses níveis de educação.

Plantando a semente da Rides

Os estudos sobre a docência na educação superior têm gerado reflexões nos grupos de pesquisa e de formação de professores, destacando-se o GEP – Prodocência – Grupo de Estudos e Pesquisa sobre Docência na Educação Superior e Inovações Pedagógicas da UnB, criado e coordenado pela professora Ilma Passos Alencastro Veiga em 2006. Em nosso entendimento, esse grupo de estudos e pesquisa foi o terreno em que foi plantada a semente da Rides.

O GEP – Prodocência deixa clara, em seus objetivos, a preocupação com a docência na educação superior nos seguintes termos: a) socializar resultados de estudos e pesquisas em desenvolvimento sobre as questões da docência na educação superior, políticas, formação, trabalho e inovações pedagógicas; b) aprofundar e dar visibilidade ao conhecimento produzido pela temática; c) possibilitar intercâmbios nacionais e internacionais e projetar a construção de redes de investigação e intervenção educativas.

O Prodocência, na ocasião de sua formação, era constituído por mestrandos, doutorandos e pós-doutorandos, provenientes de vários estados do Brasil, muito deles sob a orientação e a supervisão da professora Ilma Passos Alencastro Veiga. Suas reuniões se desenvolviam por uma dinâmica que primava por incentivar leituras sobre a docência na educação superior, discutidas em seminários ou encontros, promovendo a socialização das pesquisas, que se configuravam como uma espécie de orientação coletiva. Podemos destacar: a realização de colóquios para a apresentação de trabalhos de conclusão de estágios de pós-doutorado, palestras de intelectuais da área, organização de encontros, congressos e seminários nacionais e internacionais. Em meio a discussões, em 2007, ficou acordada a realização de um encontro sobre docência na educação superior a se realizar em Fortaleza.

Assim, em 2008 foi realizado o I Encontro Inter-regional Norte, Nordeste e Centro-Oeste sobre Formação Docente para a Educação Superior (I Enforsup) em Fortaleza. Seu objetivo foi promover a articulação inter-regional de grupos de pesquisa, que apresentaram relatos de pesquisas e de experiências desenvolvidas pelos professores participantes.

Tendo como base as discussões desencadeadas nos grupos de trabalho, sugestões foram encaminhadas, referentes ao desenvolvimento profissional docente na educação superior, o que resultou na "Carta de Fortaleza", que propôs várias ações necessárias para a implementação de uma política nacional relacionada ao tema (Dias 2010).

Uma das proposições do encontro foi a criação da "Rede Inter-regional Norte, Nordeste e Centro-Oeste sobre Docência na Educação Superior (Rides), em articulação e parcerias com outras redes e fóruns em âmbito nacional e internacional" (Dias 2010, p. 73).

A Rides foi criada com o objetivo de socializar pesquisas, experiências profissionais e produções acadêmicas na educação superior, realizar outros encontros como o Enforsup, com o propósito de expandir a rede e a apresentação de proposições materializadas em "Cartas". Essas se configuraram como instrumentos de síntese dos encontros com proposições a serem encaminhadas para diversos setores e instituições, municipais, estaduais, regionais e nacionais, estabelecendo um diálogo, na busca de implementar uma política nacional de desenvolvimento profissional docente, de modo específico na educação superior do país.

Vale ressaltar que, durante a organização do VI Enforsup em Brasília (2015), houve uma expansão do foco do encontro, que passou a ser designado Encontro Inter-regional Norte, Nordeste e Centro-Oeste sobre Formação Docente para a Educação Básica e Superior; portanto, agrupando discussões sobre a educação básica. Posteriormente, seu regimento inicial, aprovado em 2009, foi modificado para adequar a inserção da docência na educação básica em seu escopo.

A implantação da Rides, com regimento aprovado, como citado, ocorreu em 2009 e foi estruturada com a seguinte composição: um diretor geral, um vice-diretor adjunto e um vice-diretor assistente, um de cada região (Norte, Nordeste e Centro-Oeste) a serem eleitos e aprovados em assembleia geral, com mandato bianual e rodízio, sendo permitida uma recondução.

Torna-se interessante identificar alguns motivos que levaram à criação da Rides. Um desses motivos, fator importante, que conduziu à sua criação, foi a desigualdade em relação às políticas adotadas para a distribuição de recursos. Estudo de Bortolozzi e Gremski (2004) evidencia o cenário da distribuição de recursos no Brasil, em geral, beneficiando algumas universidades. Tal situação, preocupante para os autores, deveria requerer ações, como induzir planos para diminuir as assimetrias relativas à capacitação de recursos humanos envolvidos com a docência do ensino superior e a pesquisa, nos estados e nas regiões do país e viabilizando parceria das IES, fundações de apoio à pesquisa, CNPq, Capes e outros órgãos de fomento no âmbito da educação superior.

Outro motivo foi referente às produções intelectuais e, nesse sentido, Sidone, Haddad e Mena-Chalco (2016) apontam intensa heterogeneidade espacial da produção e colaboração científicas, com fortes evidências de concentração de produção nas regiões Sul e Sudeste do país.

Vale ressaltar que as discussões desenvolvidas por ocasião do I Enforsup, em Fortaleza, gravitaram em torno do sentimento de exclusão de professores, pesquisadores e orientadores das universidades nas três regiões, Norte, Nordeste e Centro-Oeste, que se fizeram presentes, referente à participação em grupos de pesquisa e redes consolidadas das regiões Sul e Sudeste. Portanto, a criação da Rides foi um mecanismo pensado para que ocorresse o intercâmbio contínuo de conhecimentos, métodos de pesquisa e alternativas entre as IES das três regiões. Foi uma alternativa encontrada para dar maior visibilidade aos pesquisadores dessas regiões, preocupados com a formação docente e os processos de ensino e pesquisa na educação superior.

Consolidando a Rides: Uma história, diversas ações

A Rides vem agregando cada vez mais pesquisadores de IES do país, com atuação intensa e participativa, no planejamento e no desenvolvimento da educação básica e superior. Seguindo suas proposições, a democratização do conhecimento e a análise das políticas públicas para a educação básica e superior têm se expandido, assim como a viabilização das diversas produções científicas de seus membros, professores e pesquisadores, com a produção de artigos, livros e capítulos de livros e o aumento significativo de parcerias desenvolvidas com outras redes de pesquisa e fóruns nacionais e internacionais, com discursões sobre a educação superior e sua interlocução com a educação básica.

Em relação ao regimento da Rides, tanto o primeiro, quanto o atual, devemos salientar que sua constituição se diferencia de outros tipos de regimento encontrados nas diversas instituições de educação e pesquisa. Nesse sentido, a Rides, por seus propósitos, tem uma organização específica, expressando algumas intenções organizacionais peculiares:

> I – Democratizar o conhecimento e análise das políticas públicas educacionais para Educação básica e superior, bem como viabilizar produções científicas coletivas;
> II – Formular diretrizes básicas, que permitam o fortalecimento das ações comuns e inerentes aos grupos de pesquisa dos membros participantes;
> III – Contribuir, com estudos e resultados de pesquisas realizadas, para a formulação e implementação de políticas públicas, diretrizes e ações voltadas para o Desenvolvimento Profissional Docente para

a Educação básica e superior, em articulação e parcerias com outras redes e fóruns, em âmbito nacional e internacional, com órgãos governamentais e outros segmentos da sociedade civil;
IV – Contribuir para a elaboração, implementação e avaliação de programas de desenvolvimento profissional docente para a Educação básica e superior;
V – Apoiar e encaminhar aos diversos Fóruns (de Diretores de Centros e Faculdades de Educação, de Coordenadores de Cursos de Pós-graduação em Educação, de Pró-reitores de Graduação, de Pesquisa e Pós-graduação e de Extensão, dentre outros, mais diretamente ligados à temática) e às instâncias deliberativas, demandas e solicitações provenientes dos resultados dos encontros da Rede;
VI – Promover eventos científicos na área da Docência na Educação básica e superior;
VII – Socializar resultados das produções científicas, destacando entre elas os relatórios de pesquisas, trabalhos em anais de eventos, inovações pedagógicas, bem como as ações/atividades de programas de desenvolvimento profissional docente.

Percebe-se que sua estrutura demonstra aspectos não usuais, o que confere à Rides uma identidade própria, dando-lhe uma conotação política e social, voltada ao desenvolvimento de ações relacionadas à análise de políticas educacionais e demandas resultantes de seus encontros, na busca de políticas públicas, que visem à melhoria da formação docente da educação básica e superior, além da democratização das produções intelectuais da área e sua visibilidade.

O Enforsup, por seu lado, é realizado a cada dois anos e tem se consolidado como possibilidade de discussões e trocas de experiência, contando com a presença de professores e pesquisadores de instituições nacionais e internacionais e com convidados interessados nos estudos e nas pesquisas sobre a docência na educação superior e diálogos com a educação básica.

Já foram realizadas nove edições do Enforsup e, portanto, entendemos que vale a pena apresentar uma breve exposição sobre cada um desses eventos e as temáticas que foram discutidas. Isso evidencia o foco da Rides e sua preocupação com as questões relativas ao desenvolvimento profissional docente para a educação superior e, posteriormente, para a educação básica. Em todos, tem ocorrido a participação de profissionais, pesquisadores e estudantes das três regiões (Norte, Nordeste e Centro-Oeste).

O primeiro encontro, que instituiu o I Enforsup, aconteceu em 2008, como dito anteriormente, em Fortaleza-CE, e tinha como objetivo promover a articulação inter-regional de grupos de pesquisas. Esse encontro foi organizado nos seguintes eixos:

- Temática 1 – Pedagogia universitária: saberes e condições de trabalho na educação superior e na educação profissional-tecnológica.
- Temática 2 – Profissão, profissionalismo, profissionalização e desenvolvimento: modelos em busca de uma política de formação docente para a educação superior.
- Temática 3 – Processos de ensino e de aprendizagem na educação superior e profissional-tecnológica: práticas e inovações pedagógicas e tecnológicas, relação docente-aprendiz, formação para atuação com/na diversidade.
- Temática 4 – Articulação ensino-pesquisa-extensão, conhecimento-cultura, teoria-prática na formação docente para a educação superior.

O II Enforsup foi realizado em 2009, com sede em Belém-PA, e teve como objetivo compreender a necessidade de desenvolvimento profissional docente na educação superior e contemplou as seguintes temáticas:

- Temática 1 – Ensino e aprendizagem na educação superior e profissional-tecnológica: práticas e inovações pedagógicas e tecnológicas; relação docente- aprendiz; formação para atuação com/na diversidade; articulação ensino-pesquisa-extensão, conhecimento e cultura, teoria-prática na formação docente para a educação superior.

- Temática 2 – Pedagogia universitária: modelos em busca de uma política de formação docente para a educação superior (profissão, profissionalismo, profissionalização e desenvolvimento profissional – saberes e condições de trabalho na educação superior e na educação profissional-tecnológica).

O III Enforsup ocorreu em 2011, na cidade de Salvador-BA, e estabeleceu o intercâmbio com universidades, instituições de ensino e pesquisa de graduação e pós-graduação, públicas e privadas, institutos federais de educação profissional e tecnológica. O objetivo central do encontro foi o de ampliar e aprofundar estudos e discussões sobre a educação superior a partir de três eixos temáticos:

- Eixo 1 – Docência; ensino e aprendizagem na educação superior e profissional-tecnológica; relação professor-aluno mediada pelos saberes.
- Eixo 2 – Práticas pedagógicas na educação superior e profissional-tecnológica.
- Eixo 3 – Desenvolvimento profissional: formação docente para atuação com/na diversidade na educação superior e profissional-tecnológica; condições de trabalho.

O IV Enforsup aconteceu em Uberlândia-MG, em 2012. O objetivo orientador do encontro foi o de ampliar e aprofundar o debate, a reflexão, a socialização de experiências e a divulgação de pesquisas científicas acerca do desenvolvimento profissional docente para a educação superior. Os eixos temáticos foram:

- Eixo 1 – Ensino, aprendizagem, pesquisa e avaliação na educação superior e profissional-tecnológica.

- Eixo 2 – Desenvolvimento profissional docente para atuação com/na diversidade na educação superior e profissional-tecnológica: saberes pedagógicos, identidade profissional, currículo e formação pedagógica.
- Eixo 3 – Políticas de formação docente para a educação superior e profissional-tecnológica: condições de trabalho; precarização do trabalho docente e mal-estar docente.

O V Enforsup, coordenado pela Universidade Federal do Piauí, ocorreu 2013. O seu objetivo foi o de ampliar e aprofundar o debate, a reflexão, a socialização de experiências e a divulgação do cenário docente na educação superior no século XXI. Esse encontro contemplou as seguintes temáticas:

- Temática 1 – Pedagogia universitária: saberes e condições de trabalho na educação superior e na educação profissional-tecnológica.
- Temática 2 – Profissão, profissionalismo, profissionalização e desenvolvimento: propostas em busca de uma política de formação docente para a educação superior.
- Temática 3 – Processos de ensino e de aprendizagem na educação superior e profissional-tecnológica: práticas e inovações pedagógicas e tecnológicas, relação docente-aprendiz, formação para atuação com/na diversidade.
- Temática 4 – Articulação ensino-pesquisa-extensão, conhecimento-cultura, teoria-prática na formação docente para a educação superior.
- Temática 5 – Gestão pedagógica no âmbito da docência superior.
- Temática 6 – Políticas educacionais para educação superior e profissional tecnológica.

O VI Enforsup e I Interfor, sob a responsabilidade da Faculdade de Educação da UnB, foram realizados em 2015, com o objetivo de possibilitar o aprofundamento da discussão entre pesquisadores e profissionais envolvidos com a educação básica e superior, debatendo o papel do currículo e da avaliação na formação docente em instituições educativas. Nessa edição, o evento passou a contar com palestrantes internacionais, o que gerou a internacionalização do evento. Esse encontro teve os seguintes eixos temáticos:

- Temática 1 – Formação docente: aprendizagem e desenvolvimento profissional; formação e inovação na educação básica, superior e tecnológica; tecnologias, educação e seus sentidos formativos.
- Temática 2 – Currículo na educação superior, na educação básica, na educação profissional e tecnológica.
- Temática 3 – Avaliação na educação básica e superior; na educação profissional e tecnológica. Diferentes níveis de avaliação: larga escala, institucional e das aprendizagens.

O VII Enforsup e II Interfor, coordenados pela Universidade Federal de Tocantins, ocorreram em 2017, na Universidade Federal do Tocantins (UFT), *campus* de Palmas. Essa edição manteve o objetivo e os mesmos eixos temáticos da edição anterior.

A edição realizada em 2019 estava prevista para acontecer na região Nordeste, mas, por falta de fomento, e estando a presidência da Rede sob a responsabilidade da região Centro-Oeste, o encontro aconteceu em Brasília-DF, sendo a edição VIII Enforsup e III Interfor. Objetivou reforçar o diálogo em torno da formação docente para a educação básica e superior, abordando como temática geral "Currículo, formação e avaliação na educação básica e superior", possibilitando o aprofundamento da discussão entre os envolvidos, discutindo o papel do currículo, da formação docente e da avaliação em um contexto social e educacional permeado por reformas e, ao mesmo tempo, defesa de instituição de processos inovadores na educação básica e superior. Os eixos temáticos contemplaram: a) formação docente; b) currículo e formação de professores da educação básica e superior e c) avaliação.

a) Formação docente
   - Políticas de formação de professores para a educação básica e superior;
   - identidades e profissionalidade docente;
   - trabalho docente: saúde, resistência e reexistência;
   - narrativas e formação de professores.

b) Currículo e formação de professores da educação básica e superior
   - Políticas curriculares para educação básica e superior;
   - currículo e organização do trabalho pedagógico;
   - currículo e diversidades;
   - epistemologias do campo curricular.

c) Avaliação
   - Políticas avaliativas na educação básica e superior;
   - avaliação formativa e (de)formativa na educação básica e na educação superior;
   - avaliações externas e trabalho na escola;
   - avaliação institucional na educação básica e educação superior.

Em 2021, paralelamente à escrita deste capítulo, aconteceram o IX Encontro Inter-regional Norte, Nordeste e Centro-Oeste sobre Formação Docente para Educação Básica e Superior (Enforsup) e o IV Encontro Internacional sobre Formação Docente para Educação Básica e Superior (Interfor). O evento foi promovido em formato *on-line*, em decorrência da pandemia de Covid-19, pela Universidade Federal do Oeste do Pará (Ufopa), no *campus* Santarém, no período de 1 a 3 de dezembro de 2021, sendo estruturado em três eixos temáticos: formação docente; interculturalidade e inclusão e qualidade social da educação.

A discussão da temática geral do IX Enforsup e do IV Interfor "Formação docente, interculturalidade e qualidade social na educação básica e superior: Novos tempos, velhos problemas!" se propôs a aprofundar o debate entre os envolvidos, discutindo o papel das políticas públicas e suas repercussões na formação de profissionais para a educação básica, superior e profissional tecnológica, bem como as modalidades inovadoras de desenvolvimento profissional. Discutiram-se também aspectos identitários e formação docente a partir de uma perspectiva intercultural, a qualidade social, expansão, democratização e avaliação da educação, entre outros.

Pode-se observar nas nove edições do encontro uma convergência de temática, consubstanciada pela responsabilidade com a organização do trabalho pedagógico e com o desenvolvimento profissional docente. Corroborando Jardilino e Sampaio (2019), diante da complexa conjuntura em que se situam essas questões, necessário se faz que tanto a comunidade acadêmica, quanto a comunidade profissional dos docentes aprofundem o estudo e a compreensão sobre os programas e as políticas de DPD, Principalmente em relação aos pressupostos e às concepções que os sustentam e que, valorizem e lutem pela efetivação das políticas públicas que garantam o desenvolvimento profissional docente no cenário educacional nacional, regional e local.

O Enforsup, como já expusemos, tem produzido as "Cartas" propositivas, elaboradas pelos professores participantes, com o nome da cidade-sede do encontro, com o propósito de pleitear providências relativas ao diálogo e à implementação de políticas de desenvolvimento profissional docente para a educação básica e superior. Reiterando, cada carta tem o objetivo de fazer proposições, firmar compromissos, reivindicações e exigências, cabíveis em diversos âmbitos, tais como: o Conselho Nacional de Educação, a Capes/IES, o MCT/CNPq, MEC/Capes, MEC/Inep, MEC/Sesu/Setec e fundações estaduais de amparo à pesquisa.

Em todos os eventos, foram aprovadas cartas para deixar evidentes as intenções relacionadas às políticas públicas referentes à docência na educação básica e superior nos seguintes eventos: Carta de Fortaleza (2008); Carta de Belém (2009); Carta de Salvador (2011); Carta de Uberlândia (2011); Carta de Teresina (2013); Carta de Brasília (2015); Carta de Palmas (2017); Carta de Brasília (2019) e Carta de Santarém (2021).

O projeto da Rides tem como objetivo unir forças e criar uma inteligência coletiva na busca de desvelar problemas, lacunas da formação docente para a educação superior. Entre os diversos motivos para a realização desse projeto, estava, além do destaque do papel indiscutível do professor no desenvolvimento da informação e do conhecimento, a preocupação com as desigualdades educacionais evidenciadas nas regiões Norte, Nordeste e Centro-Oeste, em relação à produção do conhecimento e sua difusão em âmbito local, regional, nacional e internacional.

Para o projeto de pesquisa interinstitucional, algumas questões foram propostas: a) Qual é a configuração da produção acadêmica sobre docência na educação superior, e quais os programas de pós-graduação em Educação em instituição das regiões N, NE e CO? b) Qual a identidade acadêmica dos programas de pós-graduação, quanto ao número de docentes, bolsistas de produtividade em pesquisa, participantes em conselhos, assessores *ad hoc* do CNPq e da Capes e de instituições de fomento estaduais e distrital, conceito Capes, áreas de concentração e linhas/grupos de pesquisa, entre outras? c) Quais as características teórico-metodológicos da disciplina Metodologia de Ensino Superior ou outras terminologias, voltada para a formação pedagógica de docente e ofertada em cursos *stricto sensu*?

A abordagem da pesquisa implicou a análise de aspectos teóricos e práticos situados nos âmbitos acadêmico, político e teórico, adotando múltiplas perspectivas vinculadas às abordagens qualitativa e quantitativa. Os dados foram interpretados, tendo como suporte os referenciais teóricos relacionados à temática e os fundamentos legais que estruturam os cursos de pós-graduação. Essas questões têm sido problematizadas, gerando propostas diversas a serem dirigidas aos órgãos de ensino e pesquisa na educação superior.

Os resultados dessa pesquisa em rede delinearam um retrato quantitativo das universidades por regiões e esferas administrativas. A pesquisa, também, desvenda o desequilíbrio quanto à distribuição das universidades nas cinco regiões geográficas. Notamos, no âmbito das regiões, tanto um poder centralizador dos bens acadêmicos nas regiões

Sul e Sudeste, quanto um desequilíbrio na distribuição de bolsas nas regiões Norte, Nordeste e Centro-Oeste.

Outro aspecto que merece destaque é que são poucas as indagações acerca das condições e dos modos de intervenção dos pesquisadores em relação às desigualdades sociais, econômicas e educacionais nas três regiões. Nesse contexto, foi feita a indagação: Qual tem sido o impacto dos resultados da classificação das propostas quanto ao mérito das regiões Norte, Nordeste e Centro-Oeste? Nesse processo de pesquisa, foram desveladas as orientações que são asseguradas para a solicitação de bolsas no âmbito do programa de pós-graduação em Educação, a partir do mérito, e a distribuição geográfica das universidades, reforçando um apoio mínimo aos docentes e discentes das três regiões. Os pesquisadores concluíram que os resultados obtidos com o trabalho de pesquisa evidenciam pistas sobre o sentido político-social para a docência na educação superior.

Como podemos intuir, as ações e contribuições da Rides têm se consolidado, embora muito ainda seja necessário para que seus propósitos alcancem uma totalidade. A conscientização dos problemas inerentes à docência na educação superior, os julgamentos de valores e as tomadas de decisão precisam tomar fôlego, para que a melhoria almejada se materialize.

Considerações finais

Na esteira do que analisamos até o momento, à guisa de conclusão, queremos então (re)afirmar a contribuição da Rides para a educação básica e superior do país, dialogando com instituições e órgãos de fomento da educação, na busca de implementar uma política nacional de desenvolvimento profissional docente. Portanto, a Rides tem protagonizado um papel importante nos âmbitos regional e nacional, configurando-se como espaço de apresentação e discussão de estudos, pesquisas e outras formas de intervenção no contexto da formação do docente da educação básica e superior do país.

Nesse contexto, a Rides apresenta-se como uma rede com potencial para garantir: a democratização do conhecimento e a análise das políticas públicas para educação superior e básica, bem como viabilizar produções científicas coletivas; a formulação de diretrizes básicas que permitam o fortalecimento das ações comuns e inerentes aos grupos de pesquisa dos membros participantes; contribuições aos estudos e aos resultados de pesquisas realizadas, para a formulação e a implementação de políticas públicas, diretrizes e ações voltadas para formação/desenvolvimento profissional docente para a educação básica e superior, em articulação e parcerias com outras redes e fóruns, em âmbito nacional e internacional, com órgãos governamentais e outros segmentos da sociedade civil; a contribuição no que se refere à elaboração, à implementação e à avaliação de programas de desenvolvimento profissional docente para a educação básica e superior; o apoio aos diversos fóruns (de diretores de centros e faculdades de Educação, de coordenadores de cursos de pós-graduação em Educação, de pró-reitores de graduação, de pesquisa e pós-graduação e de extensão, entre outros, mais diretamente ligados à temática) e às instâncias deliberativas, demandas e solicitações provenientes dos resultados dos encontros da Rede; a promoção de eventos científicos na área da docência na educação básica e superior; socialização dos resultados das produções científicas, destacando entre elas os relatórios de pesquisas, trabalhos em anais de eventos, inovações pedagógicas, bem como as ações/atividades de programas de formação/desenvolvimento profissional docente.

Ousamos afirmar que formação de rede foi o mecanismo proposto para conseguir intercâmbio contínuo de conhecimentos, métodos investigativos e alternativas entre as instituições educativas das três regiões. Para isso, criou-se a Rede Inter-regional Norte, Nordeste e Centro-Oeste sobre Formação Docente para a Educação Básica e Superior (Rides), constituída por pesquisadores que investigam o tema formação/desenvolvimento profissional docente para a educação básica e superior nos programas de pós-graduação das três regiões, ou outras, nacionais e internacionais.

Acreditamos que, a partir das memórias e dos documentos pesquisados, pudemos reconstituir uma história protagonizada por nós e por muitos professores e pesquisadores que fazem parte da Rides. Não podemos deixar de enaltecer o protagonismo de Ilma Passos Alencastro Veiga, por acreditar, sempre, que é possível lutar e estabelecer propósitos para a melhoria da formação do docente da educação básica e superior. Com a memória exposta, conseguimos perceber a semente plantada germinar e se desenvolver. Sabemos que muito, ainda, é necessário para que os propósitos, as ações e reivindicações sejam concretizados. No entanto, cremos que o caminho trilhado, embora permeado de empecilhos e incertezas, é o correto para que a Rides tenha, cada vez mais, êxito em seus propósitos.

Referências bibliográficas

BORTOLOZZI, F. e GREMSKI, W. (2004). "Pesquisa e pós-graduação brasileira: Assimetrias". *RBPG*, v. 1, nov., pp. 35-52.

CUNHA, M.I. da (2014). "Pressupostos do desenvolvimento profissional docente e o assessoramento pedagógico na universidade em exame". *In*: CUNHA, M.I. da (org.). *Estratégias institucionais para o desenvolvimento profissional docente e as assessorias pedagógicas universitárias: Memórias, experiências, desafios e possibilidades*. Araraquara: Junqueira & Marin.

DIAS, A.M.I. (2010). "Leitura e (auto)formação: Caminhos percorridos por docentes na educação superior". *In*: VEIGA, I.P.A. e QUIXADÁ VIANA, C.M.Q. (orgs.). *Docentes para a educação superior: Processos formativos*. Campinas: Papirus.

JARDILINO, J.R.L. e SAMPAIO, A.M.M. (2019). "Desenvolvimento profissional docente: Reflexões sobre política pública de formação de professores". *Educação & Formação*, Fortaleza, v. 4, n. 10, jan.-abr., pp. 180-194.

SIDONE, O.J.G.; HADDAD, E.A. e MENA-CHALCO, J.P. (2016). "A ciência nas regiões brasileiras: Evolução da produção e das redes de colaboração científica". *TransInformação*, Campinas, 28(1), jan.-abr., pp. 15-31.

VEIGA, I.P.A. (2009). "Parte II: Docência como profissão. Docência: Formação, identidade profissional e inovações didáticas". *In*: VEIGA, I.P.A. *A aventura de formar professores*. Campinas: Papirus.

11
O LEGADO DE ILMA VEIGA AO PROJETO DE EDUCAÇÃO SUPERIOR DO UNICEUB

Dalva Guimarães dos Reis
Maria Helena Viana de Souza

Ao relembrarmos as palavras da professora Ilma Veiga, numa narrativa autobiográfica,

> Ao longo dos cinquenta anos de exercício docente, construí percursos diferenciados que, pouco a pouco, foram configurando uma trajetória contextualizada, delimitada pela sequência normativa do ciclo de vida pessoal e profissional...descobri novas trilhas, encontrei novas pessoas, novas formas de construir e socializar o conhecimento. (Veiga 2016, p. 21)

chegamos à conclusão de que o trabalho, resultante de seu comprometimento com a formação de educadores e com a educação, ao longo de sua trajetória científica, acadêmica e profissional, certamente já estava presente nas reflexões e nos planejamentos dos docentes que atuavam no Uniceub, mesmo antes de fazer parte do corpo docente da instituição.

Pretendemos, nas próximas páginas, apresentar sua trajetória e suas contribuições ao projeto de educação superior já existente no Uniceub, bem com nas transformações que viriam a ocorrer à medida que novas demandas iam surgindo a partir do credenciamento como centro universitário, ressaltando, principalmente, a importância do compartilhamento, do diálogo e da reflexão conjunta e solidária.

Para resgatar as contribuições da professora Ilma Veiga no Uniceub, torna-se necessário voltar um pouco às origens desse centro universitário, hoje com 53 anos de história. Criado por um grupo de profissionais, professores, em 3 de maio de 1968, que se uniram na jovem capital brasileira, movidos pelo ideal educativo de fundar uma instituição de ensino superior privada, de excelência, capaz de ministrar cursos com qualidade. O grupo de fundadores acreditou ser possível a uma instituição privada "oferecer cursos de graduação adequados às exigências técnico-científicas e sociais reclamadas pelo mercado de trabalho local e do País" (Peres 1998, p. 13).

O Centro de Ensino Unificado de Brasília (Ceub) foi organizado, inicialmente, em três faculdades – Direito; Filosofia, Ciências e Letras; Ciências Econômicas, Contábeis e Administração Pública. A Faculdade de Filosofia, voltada à formação de professores, iniciou o seu funcionamento com os seguintes cursos: Pedagogia, Geografia, História e Letras (Português e Literatura Brasileira, Português-Francês e Português-Inglês). Para preencher as vagas de professores, foi aberto um concurso público de títulos, com muito êxito.

A Faculdade de Filosofia, dirigida pelo professor André Franco Montoro, contava com um quadro docente de excelência do qual podem ser destacados: Marlene Cabrera da Silva, Clélia de Freitas Capanema, Stella dos Querubins Guimarães Tróis, Anna Bernardes da Silveira Rocha, Ciro dos Anjos, Jesus Barros Boquadi, Dicamor Pinheiro de Moraes, dentre outros.

Em 1999, após o cumprimento das exigências legais e a preparação dos documentos processuais, o Ceub foi avaliado pelo MEC e obteve o credenciamento de Centro Universitário pelo Decreto s/n, de 23/2/1999, passando a ser denominado Centro Universitário de Brasília (Uniceub 2015, p. 19).

Para atendimento às disposições legais referentes ao credenciamento da Instituição como Centro Universitário, ainda em 1997 foi criado um grupo de trabalho para elaboração da 1ª proposta pedagógica, designado pela Portaria n. 35/97, composto pela diretora da Faculdade de Educação, da coordenadora do Ciclo Básico e da professora de Didática, vinculada ao curso de Pedagogia. Esse documento, além do PDI (Plano de Desenvolvimento Institucional), bem como todos os documentos comprobatórios fizeram parte do processo de credenciamento do Centro Universitário de Brasília (Uniceub).

Essa proposta pedagógica representou um primeiro momento de sistematização das ideias e das concepções que já permeavam os programas das disciplinas de formação de professores para a educação básica, especialmente da Didática, componentes curriculares de todos os cursos de licenciatura do Ceub. Em 1995, por meio do curso de Pedagogia, foi criado um grupo de trabalho para reformulação curricular das disciplinas pedagógicas das licenciaturas ofertadas pelo Ceub.

Já naquela época, a obra *Repensando a didática*, coordenada pela professora Ilma Veiga, publicada em 1988 pela Papirus Editora, fazia parte da bibliografia de Didática no curso de Pedagogia e nas demais licenciaturas. Pode-se afirmar que, desde a década de 1980, a referência teórica à obra dessa educadora já se fazia notar entre os docentes do Ceub, principalmente impulsionada pelo curso de Pedagogia da Faculdade de Educação e procurava atender ao objetivo de "repensar a Didática visando contribuir para a ampliação e aprofundamento das reflexões já realizadas e estimular a busca de uma proposta didática para a efetivação da prática pedagógica crítica" (Veiga 1988, p. 7).

A mesma afirmação não se poderia fazer em relação à proposta pedagógica, bem como aos primeiros projetos pedagógicos dos cursos no Ceub, haja vista a literatura produzida à época ser ainda incipiente. Com a publicação da obra *Projeto político-pedagógico da escola: Uma construção possível*, organizada por Ilma Veiga, publicada em 1995 pela Papirus Editora, os docentes do curso de Pedagogia iniciaram uma série de reflexões sobre a concepção e a necessidade de articulá-los à proposta pedagógica institucional. Dessa forma, pode-se afirmar que a contribuição da obra educacional de Ilma Veiga chegou ao Ceub por meio de seus livros estudados, analisados com os alunos das licenciaturas, especialmente por meio da didática, mediados pelos docentes em reuniões colegiadas.

Depreende-se dos elementos referidos que, mesmo antes do credenciamento da instituição como centro universitário, algumas ideias sobre concepção de proposta pedagógica e de projetos pedagógicos de cursos, embasadas na produção acadêmica da professora Ilma Veiga, começavam a germinar entre os docentes da área de pedagogia e das demais licenciaturas, criando, dessa forma, um espaço para a discussão de natureza pedagógica muito forte. Tais ações promovidas por alguns gestores da área pedagógica, articuladas em nível de gestão acadêmica superior, foram responsáveis por estimular, aglutinar as discussões pedagógicas na instituição, preparando o terreno para as contribuições que chegariam ao Uniceub, a partir do ano de 2000 por meio de Ilma Veiga, primeiramente como consultora e, em 2004, como membro efetivo do quadro docente da instituição.

Pode-se afirmar que ela encontrou no Uniceub um celeiro fértil para a discussão acadêmica, profissionais competentes e experientes, abertos à aceitação e à mudança, conscientes do que se precisava fazer, dispostos a compartilhar. O corpo administrativo também estava aberto a uma nova proposta. A chegada de Ilma, sua competência, sua referência como pesquisadora, não trouxe à instituição uma figura autoritária, com o domínio absoluto do conhecimento pedagógico, trouxe, sim, a professora-educadora capaz de escutar a todos, de compartilhar e integrar esforços para uma construção coletiva das ações propostas. Sua "magia pedagógica" se fazia sentir quando ouvia a todos, reconhecia o que já vinha sendo feito e, a partir disso, aberta ao diálogo, promovia ações conjuntas geradoras de transformações. As suas atitudes no relacionamento com os gestores e os docentes demonstravam que

> O projeto político-pedagógico ao se constituir em processo democrático de decisões, preocupa-se em instaurar uma forma de

> organização do trabalho pedagógico que supere os conflitos, buscando eliminar as relações competitivas, corporativas e autoritárias, rompendo com a rotina do mando impessoal e racionalização da burocracia que permeia as relações no interior da escola, diminuindo os efeitos fragmentários da divisão do trabalho que reforça as diferenças e hierarquiza os poderes de decisão. (Veiga 1995, pp. 13-14)

Ao orientar a elaboração dos PPCs, enfatizou que a formação de seus egressos deveria apresentar o perfil Uniceub e não apenas o específico do curso, auxiliando os estudantes na compreensão da vida universitária. Na construção de uma identidade de qualidade e excelência, incentivou a flexibilidade, a multidisciplinaridade, a interdisciplinaridade, mostrando a plasticidade da vida acadêmica, saindo do modelo acadêmico estático. Naquele momento, a contribuição da professora Ilma foi essencial para a construção e a gestão dos PPCs, ministrando oficinas para a formação dos coordenadores dentro dos valores institucionais e como esses valores deveriam perpassar todo o PPC.

Todas essas orientações de Ilma Veiga contribuíram para o entendimento de que a relação do projeto pedagógico com a formação precisa, também, ser uma ação intencional, participativa, coerente com os fins e objetivos institucionais, pois

> Construir projetos político-pedagógicos na esteira da formação humana significa trilhar caminhos participativos e solidários com coragem, consciência crítica, indignação e muita luta para a construção de uma escola melhor para todos. Tais projetos definem as ações que se quer realizar e assumem o plano global da instituição visando configurar-lhe uma sistematização, desde a dimensão compreensiva à efetivação. (Veiga 2007, p. 33)

Além da gestão do PPC, outra importante contribuição foi o trabalho realizado com os coordenadores e os professores a respeito da gestão da sala de aula, enfatizando não só a bagagem de conhecimento que são trazidos para a aula, mas também a necessidade de ferramentas. A compreensão das metodologias ativas e colaborativas e das tecnologias possibilitaram a consolidação desses modelos dentro da instituição, permitindo ao professor ser agente, não apenas o ator principal do processo.

Ressaltamos que as questões relacionadas à metodologia do ensino superior podem se restringir, ainda hoje, às tecnologias da informação sem considerar a reflexão do docente sobre a sua própria prática, as fragilidades pedagógicas da sua formação, bem como a necessidade de um desenvolvimento profissional contínuo que vá além do mero fazer pedagógico. Nesse sentido, a contribuição de Ilma Veiga caminhou para uma discussão relacionada à concepção de metodologia no ensino superior, procurando uma maior articulação entre a proposta pedagógica institucional e os projetos pedagógicos de cursos para a formação discente. Sua preocupação com o desenvolvimento profissional dos docentes estava voltada a questões desafiadoras que possibilitassem

> Conhecer e analisar os problemas do desenvolvimento da metodologia do ensino superior (...) para a organização do ato de ensinar. Nesse sentido, compreender esses problemas e promover um debate a respeito dos conceitos de metodologia ou didática do ensino superior, bem como de seu objeto de estudo, é o caminho a percorrer. (Veiga 2009, p. 84)

Destaca-se, ainda, uma contribuição muito grande, não só à instituição como também aos diferentes agentes educacionais que atuavam durante o período em que atuou, seja como consultora, seja como colaboradora efetiva, ao incentivar e estimular a pesquisa, numa reflexão constante e trabalhando de forma colaborativa, para compreender as dinâmicas que estavam sendo instaladas, de forma que os resultados pudessem ser trazidos para dentro da instituição, visando a sua melhoria. Segundo as palavras do diretor acadêmico: "Eu tinha facilidade em conversar com Ilma. Embora a competência e experiência fossem enormes, toda a bagagem que trazia, era disponível para a escuta das pessoas, ajudando-as a se desenvolverem individualmente".

Importante registrar que esse estímulo contínuo à produção acadêmica, inclusive entre os professores que com ela trabalharam na futura assessoria pedagógica, contribuiu para que ocorressem inúmeras participações em congressos e eventos acadêmicos, nacionais e internacionais, além de pesquisas, publicadas em livros: *Universidade e desenvolvimento profissional docente: Propostas em debate* (2012), *Formação médica: Aprendizagem baseada em problemas* (2015), *Metodologia participativa e as técnicas de ensino-aprendizagem* (2017) e *Relação pedagógica na aula da educação superior* (2019).

Como docente, a professora Ilma atuou no curso de Educação Física, na orientação de trabalhos de final de curso, atividade essa que também ocorreu no curso de pós-graduação, mestrado em Psicologia. Destacamos, ainda, outra atuação determinante, ocorrida com os coordenadores de licenciatura, quando da construção do projeto pedagógico da formação do professor nas licenciaturas, alinhando alguns elementos essenciais para a formação inicial do professor para a educação básica.

Desse trabalho resultou, em 2003, um documento orientador intitulado Projeto Institucional de Formação do Educador que procurou:

- Definir os fundamentos da formação do professor e de outros profissionais de educação no Uniceub.
- Integrar esforços para uma formação unitária.
- Criar um "colegiado das licenciaturas".

Esse colegiado, articulador da política de formação de profissionais para a área de educação, tinha como principal função definir a política de formação e orientar a elaboração e a execução dos projetos pedagógicos dos cursos, visando ao cumprimento da legislação, da filosofia e da política institucional. Com essa articulação, pretendia-se dar unidade aos projetos pedagógicos das licenciaturas, garantir a identidade dos cursos de formação oferecidos pela instituição e propor áreas e níveis para a oferta de novos cursos.

Dessa maneira, a formação inicial de professores para a educação básica passou a ser discutida com uma compreensão mais ampla do processo formativo e um avanço considerável na participação coletiva dos envolvidos, pois, como afirma Veiga (2009, p. 28),

> A formação é um processo coletivo de construção docente. É uma reflexão conjunta, na medida em que a prática decorrente dessa formação será necessariamente coletivizada, não é uma construção isenta de conflito, mas torna-se mais produtiva se e quando partilhada.

Além desse aspecto, pode-se destacar, no processo de formação de docentes, a ênfase em formar o professor-pesquisador, o que implica uma nova maneira de ensinar e de aprender. Formar o professor-pesquisador pressupõe que

> o sujeito aprende quando se envolve ativamente no processo de produção de conhecimentos... [quando] desenvolve habilidades básicas de investigação.
>
> Ensinar a pesquisar é o que se propõe, ou seja, criar situações e atividades que propiciem aos alunos aprender a observar, a formular uma questão de pesquisa, a encontrar dados e instrumentais que lhes permitam elucidar tal questão e os tornem capazes de expressar os seus achados e suas novas dúvidas. (André 2006, pp. 124-125)

Ressalte-se, então, que o processo de formação docente passou a ser considerado,

> um processo que deve ser articulado com a Proposta Pedagógica institucional e com os Projetos Pedagógicos de Curso (...) A formação em serviço é a modalidade privilegiada com vistas à melhoria do processo didático. (...) A prática docente é reforçada como espaço coletivo de pesquisa, de análise e de construção do professor/pesquisador. (Veiga 2012, pp. 199-200)

Acreditamos que, nesse período, já começava a germinar a sementinha da assessoria pedagógica, quando já se discutia a avaliação formativa para o desenvolvimento de pessoas.

Em 2007, depois de já implantadas e consolidadas as assessorias de pós-graduação e pesquisa e a assessoria de extensão e integração comunitária, é criada a assessoria pedagógica, sob a batuta da professora Ilma, para cuidar das questões pedagógicas, pois a instituição, preocupada com a qualidade de ensino e as necessidades apontadas pela avaliação institucional, ao criar a assessoria pedagógica, objetivou estimular a produção pedagógica, rever e reformular os PPCs, elaborar PPCs novos, criar espaços de desenvolvimento profissional docente e articular a formação e produção do conhecimento. Assim,

> A Assessoria Pedagógica constituiu-se em modalidade de intervenção pedagógica formativa e investigativa, por meio do trabalho coletivo, um espaço-tempo de desenvolvimento profissional docente, apropriando-se de um novo campo de investigação educativa e se tornando um espaço de estudo e pesquisa a partir da proposta de produção e sistematização do conhecimento, como incentivo às inovações para implementar o Plano de Desenvolvimento Profissional Docente-PDPD. (Uniceub 2017)

Foram, então, definidas como atribuições da assessoria pedagógica:

- assessoramento à diretoria acadêmica, implementação das normatizações curriculares, tais como Proposta Pedagógica Institucional (PPI), Plano de Desenvolvimento Institucional (PDI), Projeto Pedagógico de Curso;
- fortalecimento do processo de desenvolvimento profissional docente, desenvolvimento de pesquisa pedagógica, análise da prática docente e promoção de eventos institucionais;
- articulação do Programa de Desenvolvimento Profissional Docente (PDPD) com os demais projetos e ações institucionais, faculdades, coordenações de cursos e assessorias;
- acompanhamento dos cursos em processo de reconhecimento ou renovação de reconhecimento no MEC;
- emissão de pareceres;

- proposição de ações que promovessem a melhoria do ensino e da aprendizagem;
- documentação, editoração, publicação e socialização de pesquisa, inovações pedagógicas, ações do PDPD.

A professora Ilma, com sua capacidade de escuta e de desenvolver um trabalho compartilhado, facilitou a discussão acadêmica, ao colocar, de forma transparente, simples e colaborativa, nas rodas de discussão, todo o seu conhecimento, mostrando a necessidade de fazermos diferente, de forma não segmentada. Essa capacidade possibilitou que a assessoria não ficasse numa redoma, pois ela tramitou por todos os momentos da vida pedagógica da instituição, conhecendo as especificidades de cada curso, contribuindo, assim, para que a instituição se tornasse referência, não só no Centro-Oeste, como também nacionalmente, possibilitando ao aluno experienciar, durante sua vida acadêmica, o ensino, a pesquisa e a extensão, como se pode observar a seguir:

> O Núcleo de Pedagogia Universitária de Desenvolvimento Profissional Docente é voltado para estudos e pesquisas que se fundamentam na concepção de desenvolvimento profissional de docentes como processo formativo e investigativo e de propostas teóricas e práticas. (Veiga 2009, p. 88)

Ao longo dos anos em que esteve coordenando os trabalhos de formação dos docentes nos diversos cursos de graduação e licenciaturas oferecidos pela IES, a professora Ilma Veiga planejou a realização de semanas pedagógicas para o início de cada semestre letivo, com o oferecimento de palestras e oficinas, ministrou cursos preparatórios para implantação de novas metodologias, promoveu reuniões pedagógicas colaborativas, sempre preocupada em explicar e fundamentar, quando das revisões dos PPCs, as razões para as alterações sugeridas. Todo esse trabalho possibilitou

> Fortalecer o programa de formação pedagógica para que os docentes sejam capazes de desenvolver fundamentos teórico-práticos a partir do trabalho docente real, a fim de superar a concepção de racionalidade

> técnica e o senso comum ainda presentes nas instituições de ensino superior. (Veiga 2019, p. 286)

Dessa forma, pode-se afirmar que a assessoria pedagógica, como núcleo articulador da formação continuada dos docentes no Uniceub se constituiu em um espaço para que os professores

> estudem e discutam a interdisciplinaridade, a integração curricular, a avaliação da aprendizagem, a elaboração de projetos comuns de pesquisa interinstitucional e a promoção de minicursos. A docência exige dos professores conhecimentos múltiplos para promover a relação entre o ensino, a pesquisa e a extensão, obtidos em processos formativos que privilegiem a preparação acadêmica teórico-prática. (Veiga 2015, pp. 303-304)

Reafirmando a importância de todo esse processo formativo desenvolvido na instituição, demos voz a alguns coordenadores de cursos, que estavam atuando na instituição à época da permanência de Ilma Veiga e cujas vozes revelam quão marcante foi a sua presença como educadora e as importantes contribuições, não só aos trabalhos desenvolvidos por eles, como também na construção de suas identidades docentes:

- A presença da professora Ilma Veiga no Ceub representou uma mudança nos modelos de instrumentos pedagógicos e na relação deles com o ensino, porque nos trouxe uma perspectiva mais crítica e prática desses instrumentos. A construção de projetos pedagógicos de cursos sob sua orientação trouxe aos coordenadores de cursos a oportunidade de pensar historicamente as diversas graduações oferecidas pela instituição, indo além dos aspectos conjunturais e relacionando as experiências do passado com as expectativas de futuro. Como coordenador de curso, aprendi com a professora Ilma que um projeto pedagógico de curso pode oferecer muita segurança no trabalho coletivo de formação profissional, principalmente quando se trata de formar professores.

- Além dos cursos de curta duração, também participei de grupos de estudos conduzidos pela professora Ilma. Considero que minha identidade de professor ganhou firmeza justamente porque consolidou a perspectiva de formação continuada, que trago como uma necessidade imperiosa da profissão docente.
- Na minha opinião, a maior contribuição da professora Ilma Veiga foi fazer com que os coordenadores de curso, que não são da área da educação (como é o meu caso), percebessem a importância desse instrumento e se sentissem comprometidos a construí-lo de maneira adequada e eficiente.
- Elaborou oficinas para redimensionamento da prática pedagógica dos professores do curso e outras tantas para contribuir na formação continuada deles.
- A professora Ilma ministrou vários minicursos de capacitação para o colegiado do curso para construção e adequação do projeto pedagógico, fez avaliação e sugestão da proposta apresentada e contribuiu, principalmente para a implantação de metodologias ativas nas disciplinas do curso.
- A professora Ilma Veiga contribuiu com a formação de professores desde a idealização e organização das atividades de capacitação das semanas pedagógicas do Uniceub. Ministrou pessoalmente diversos cursos para os professores e coordenadores e sempre contribuiu para que tivéssemos a participação de expoentes na área de educação nos processos de formação continuada.
- Na construção do projeto pedagógico do curso, que tem uma característica eminentemente dinâmica e constante.
- O assessoramento da professora Ilma foi constante, permanente. Durante todo o processo, a coordenação usava como referência os conhecimentos e os conteúdos de seus livros; assessorava a coordenação na orientação pedagógica dos docentes.
- Assumi a coordenação do curso de Biomedicina em janeiro de 2010 e a Assessoria de Pós-graduação e Pesquisa em janeiro de 2014. A partir do segundo semestre de 2015, em ambas as

atividades que exercia, passei a conhecer e a trabalhar de forma mais próxima da professora Ilma, por meio de ações propostas pela assessoria pedagógica.

- Recordo-me de algumas ações que considero, para a minha formação e amadurecimento como docente e gestora, transformadoras. A segunda Semana Pedagógica de 2015 nos proporcionou espaço de discussão e reflexão sobre a compreensão das Diretrizes Curriculares Nacionais na elaboração das políticas institucionais e, consequentemente, na elaboração dos PPCs. A reflexão nos permitiu compreender a importância e a necessidade de os instrumentos acadêmicos serem elaborados de forma alinhada e concordante à proposta e à prática pedagógica da instituição de ensino. Além disso, nos conscientizou sobre a necessidade de reflexão e de revisão constante dos nossos documentos e registros, visando o acompanhamento e a avaliação dessas práticas, como também a necessidade de ajustes e aplicação de novas práticas pedagógicas. Tive a oportunidade de aplicar esse conhecimento também na construção dos projetos pedagógicos dos cursos de pós-graduação *lato sensu*, respeitando suas diferenças, principalmente no que diz respeito aos seus critérios normativos e avaliativos. Considero que minha atuação como assessora de pós-graduação e pesquisa também sofreu influência do conhecimento adquirido por meio das inúmeras oficinas, reuniões e encontros eventuais com a professora Ilma e demais professoras atuantes na assessoria pedagógica, àquela época.
- Em 2017, a professora Ilma incentivou-me a elaborar oficina intitulada "Grupos e linhas de pesquisa: Uma construção compartilhada", com o objetivo de auxiliar todo o corpo docente do Ceub na organização de grupos e linhas de pesquisa na reestruturação do projeto pedagógico dos cursos de graduação.
- A oficina foi ofertada em três edições da semana pedagógica e tenho a esperança de que tenha contribuído para a percepção do corpo docente sobre o diferencial de uma instituição na

oferta de uma oportunidade de participação no Diretório de Grupos de Pesquisa do Brasil (DGP) vinculado ao CNPq, além da inserção dessa atividade na construção dos projetos pedagógicos de cursos de graduação.

- Vale o registro da criação do que era, à época, intitulado como "Café com Prosa", nas sessões de abertura das semanas pedagógicas. Acredito que esses momentos proporcionavam um ambiente descontraído, amigável e favorável para o início de mais uma semana pedagógica e de novas discussões acadêmicas.
- Gostaria de mencionar algumas oficinas, propostas pela assessoria pedagógica, das quais participei e que acredito terem sido relevantes no meu percurso acadêmico e de formação profissional. Muito antes que outras instituições, em 2015 discutíamos a inserção de metodologias ativas e participativas de ensino, a importância da produção de questões operatórias em atividades avaliativas e, até mesmo, a discussão sobre a aplicação e a criação dessas atividades, não apenas para a avaliação dos alunos, mas para a avaliação do trabalho do professor em sala de aula. Nesse período, também já discutíamos a inserção de novas tecnologias em sala de aula, com a percepção de que deveriam se tornar parceiras do professor no processo de ensino-aprendizagem, e nunca, protagonistas de tal processo.
- Também discutíamos a criação de protocolos de ensino de aulas práticas que, de fato, exercessem seu papel e objetivo na formação prática do aluno e contribuíssem para a aproximação dele à prática profissional de seu curso. Muito mais que elaborar um protocolo de ensino, no papel, a reflexão desses conceitos tornou claro que a formação do professor extrapola o momento e os muros da sala de aula.
- A professora Ilma ingressou no corpo docente do curso de mestrado em Psicologia do Uniceub no ano de 2010. A sua brilhante carreira, com currículo repleto de publicações e

> grande volume de orientações de mestrados e doutorados, fortaleceu o nosso corpo docente e, assim, contribuiu grandemente para a autorização da abertura do nosso curso pela Capes. A professora Ilma compunha a linha de pesquisa Psicologia e Educação e elaborou uma de nossas disciplinas obrigatórias (Educação Superior e Compromisso Social). Essa disciplina representava um diferencial do curso de mestrado do Uniceub, uma vez que raramente se discute a docência em nível superior nos programas de pós-graduação *stricto sensu* no país. A professora Ilma ministrou essa disciplina por dois anos, além de ter orientado dissertações de mestrado. Por volta de 2015, a professora Ilma desligou-se do programa para cuidar da saúde. Em sua rápida passagem pelo nosso curso, deixou saudades. Somos eternamente gratos pela sua valiosa contribuição para o nosso curso.

A partir desses depoimentos, podemos constatar que Ilma Veiga não só encontrou espaço na instituição para discutir e estimular diferentes atores com altíssimo nível de experiência profissional e formação pedagógica, como também um corpo diretivo atuante e disposto a compartilhar (optamos por omitir o nome de pessoas que foram imprescindíveis para promover as mudanças e que fizeram parte da história dessa Instituição, para não incorrermos no pecado do esquecimento). Pode-se dizer que vivemos um processo de amadurecimento institucional; a noção das necessidades já existia, e Ilma fortaleceu a compreensão pedagógica, conceitual do processo das mudanças.

Assim foi possível aprender e continuarmos aprendendo, não só com o trabalho por ela desenvolvido na instituição, mas também com suas obras publicadas e suas atitudes solidárias e éticas, pois uma pessoa, como disse Cortella (2016, pp. 167-173), "capaz de pensar o novo, de enxergar além da moldura, de buscar soluções para o que ainda está no horizonte. (...) e que reparte competências, de modo a fortalecer a equipe", certamente foi muito além de uma inspiração profissional, tornou-se uma grande amiga para todos nós!

Acreditando termos sido fiéis às nossas lembranças, bem como às da professora Ilma, reiteramos nossa admiração por essa profissional "humana, carregada de afeto, de emoção (...) a serviço dos interesses gerais da sociedade e dos valores éticos que a orientam" (Veiga 2016, pp. 29-30) e agradecemos, primeiramente, a todos os atores que participaram da história do Uniceub, não só àqueles que contribuíram com suas memórias para ajudar-nos a construir o texto, mas também àqueles que já nos deixaram e permanecem vivos em nossas memórias.

Referências bibliográficas

ANDRÉ, M.E. (2006). "Ensinar a pesquisar: Como e para quê?". *In*: VEIGA, I.P.A. (org.). *Lições de didática*. Campinas: Papirus.

CORTELLA, M.S. (2016). *Por que fazemos o que fazemos? Aflições vitais sobre trabalho, carreira e realização.* São Paulo: Planeta.

PERES, A. (2015). "Prefácio". *A história do Ceub*. Brasília: André Quice Editor, p. 13.

UNICEUB (2015). *Proposta pedagógica institucional*. Uniceub, 2015-2019, Brasília, p. 19.

________ (2017). *Assessoria pedagógica da diretoria acadêmica: Programa de desenvolvimento profissional docente do ensino superior.* Brasília.

VEIGA, I.P.A. (2009). *A aventura de formar professores*. Campinas: Papirus.

________ (2016). *Educação superior: Políticas educacionais, currículo e docência*. Curitiba: CRV.

VEIGA, I.P.A. (coord.) (1988). *Repensando a didática.* Campinas: Papirus.

________ (2012). *Universidade e desenvolvimento profissional docente: Propostas em debate*. Araraquara: Junqueira & Marin.

VEIGA, I.P.A. (org.) (1995). *Projeto político-pedagógico da escola: Uma construção possível*. Campinas: Papirus.

________ (2007). *Quem sabe faz a hora de construir o projeto político-pedagógico*. Campinas: Papirus.

________ (2015). *Formação médica: Aprendizagem baseada em problemas*. Campinas: Papirus.

________ (2019). *Relação pedagógica na aula da educação superior*. Campinas: Papirus.